中野淑子

あなたの大切なひとを守るために

残された妻の過労死防止法実現への記録

旬報社

推薦の辞

全国過労死弁護団
代表幹事　岡村親宜

著者は、満五二歳で、働き過ぎて過労死した中学校の教師中野宏之先生の妻です。宏之先生は、一九八七年四月、千葉県船橋市の三〇学級もある大規模校の習志野台中学に転勤し、校長から全教員の三倍もの校務分掌の担当と、管理職以外の教員と同程度の一八時間の英語授業の担当を命ぜられていたベテランの校務主任でした。そして、先生は、後二日で冬休みとなる同年一二月二二日の午後、突然割れるような頭痛に襲われ、「くも膜下出血」を発症して倒れ、翌年の一月一日、帰らぬ人となってしまったのです。先生の倒れる前四週間の労働時間は約三〇〇時間、所定労働時間一六八時間に対し、深夜・早朝自宅でのパソコン作業を中心とした所定外労働時間は約一三〇時間でした。

私は、一九六八年四月に弁護士登録して以来、労災職業病により、生命・健康等を奪われた労働者とその遺家族の依頼を受け、労災職業病事件を担当してきました。そして、わが国が企業中心社会として世界第二の経済大国となる中で、労働者がその犠牲とされているにもかかわらず、そしてその家族がどん底の生活に突き落とされているにもかかわらず、社会の片隅に葬られている現実を何とかしなければならないと考えるようになりました。

そして、これに共鳴してくれた青年弁護士らと語らい、その一人として、一九八八年六月、過労死一一〇番電話相談全国ネット活動を立ち上げたのでした。以来、この活動は、現在まで三二年の長きにわたり継続しています。この活動は、マスコミにも大きく取り上げられ、社会的注目を集めました。

ちょうどその頃の一九八八年八月、私は宏之先生の妻である本書の著者の訪問を東京本郷合同法律事務所で受け、先生の過労死につき、地公災基金に対し、「公務上災害」認定を求める事件の依頼を受けたのです。

率直に言って、難しい事件だと思いました。自宅のパソコン作業を公務と基金に認めさせなければ勝てないと考えたからでした。しかし、幸いなことに、先生と著者の属する船橋教職員組合が組合自らの闘いとして取り組んでくれました。事務所の若き望月浩一郎弁護士は、約一年がかりで、組合の方々と先生の自宅におけるパソコン作業を客観的に証明する証拠資料を作成する先頭に立って奮闘してくれました。

幸いに、この先生の事件は、一九九二年八月、地公災基金千葉県支部審査会の裁決により、自宅におけるパソコン作業も過重な公務と認め、基金支部の公務外認定を取り消す裁決をもらうことができました。

私は、この裁決を得た、著者の決意表明を忘れることができません。「『公務外』となり、一度は挫折しそうになった私達が、皆さまの支えで立ち直り頑張った四年有余、至極当然の事が、こんなにも長い年月と幾多の人々の闘いによってしか勝ち取れない社会矛盾、厳然と立ちはだかる行政の厚い壁、それはなんとしても打ち破らねばなりません。認定を取るために血みどろの闘いをしている遺族のために、そして人間が人間として生き生きと生きられる世の中にするために、私なりの微力を尽くしてまいりたいと思います」（認定闘争報告集『コンドルは飛んでいく』）。

本書の第Ⅱ部の「過労死のない社会を求めて」は、著者のその後現在までの「認定を取るために血みどろの闘いをしている遺族のために、そして人間が人間として生き生きと生きられる世の中にするために」歩まれた貴重な記録です。

わが国を、過労死のない社会とするため、本書を心ある多くの方々に読んでいただきたく、本書を推薦する次第です。

はじめに

「あと二日で冬休みよ、頑張ってね」。「あまり調子よくないけど、自分を励ましながら行くか」。「気を付けてね」。

この会話を最後に、再び夫と言葉を交わすことができなくなってしまいました。

私が勤務していた中学校に電話が入ったのは、一九八七年一二月二二日の昼過ぎでした。夫が近くの花輪病院に救急搬送されたとのこと。何がなんだかさっぱりわからず、とるものものもとりあえず病院に駆けつけました。信じられない光景が目に飛び込んできました。夫はベッドの上で服を切り裂かれている人形のようでした。

翌日、脳外科のある病院に転院し、くも膜下出血と診断されましたが、再び意識が戻ることなく、翌年の一月一日未明息を引き取りました。

その後、働き過ぎが原因で倒れたことを認めてもらうための公務災害認定闘争という苦しい生活が始まりました。

私は目が覚めました。働き過ぎると死ぬのだ！　過労死は私の傍にも潜んでいたのだ！

恐ろしい牙をむいて隙を窺っていたのだ！　と。愕然としました。取り返しのつかないことをしてしまったとの自責の念に苛まれ、喪失感に苦しみ、悩み、怒り、こんな理不尽なことは許せないと、公務災害認定を求めて中学校に勤務しながら、休みの日には奔走しました。

そして五年にもおよぶ闘いを経て、夫の死は日常業務過重によりくも膜下出血を発症し死に至った、いわゆる「過労死」と認められたのです。今にして思えば、夫の死は過重業務を押し付けた上司の陰湿なパワハラによる心身の過労死であったと思うのです。

認定された後もこの国から過労死をなくす活動を三〇年間続けてこられたのは、あのような苦しみはもう真っ平、他の人に絶対味わってほしくない、という強い願いがあったからだと思います。

過労死は、決して他人ごとではありません。夢中になって仕事をしているうちに、ある日突然襲ってくるのです。そのことを皆さんにもっと切迫感を持って考えて欲しい、そのために私の経験が少しでもお役に立てたらと、本書を書こうと思い立ちました。

そんな想いの詰まった三〇年間を振り返り、過労死家族の会のあゆみと共に本にまとめるのもあながち無駄ではあるまい、むしろ結成当初から関わった者が残す資料として意味のあることかなと構想を練り始め、資料を集め始めてほぼ三年が経ってしまいました。その間、安倍政権の暴走と専横に怒り、講演会や集会に参加したりしたため、作業は遅々として捗らず少々焦り始めました。しかし、かけがえのないいのちを大切にすることが過労死家族の会の原点なのだから、その意味では私の行動は過労死防止活動と重なるのだと思い、忙しかったり疲れた時は原稿書きをちょっと休んだり、八〇歳を過ぎて体力と時間との競争に焦りながらもようやくまとめることができました。

この本の構成は、第Ⅰ部では夫の過労死から認定闘争までを、心情的なことを交えて、記憶を掘り起こしながら記しました（認定闘争の詳細は、一九九五年発行の報告集『コンドルは翔んでゆく――人間性回復をめざして：中学校教師の過労死認定闘争の記録』にまとめられています）。第Ⅱ部では、私が過労死防止活動に取り組んだ三〇年間に発言したり寄稿したり、活動を通して感じたり考えたりしたことを中心に、家族の会等の活動の記録も交えて収録しました。最後に、全国家族の会の活動を年譜式にまとめました。

構成上読みにくい点が多々あるかと思いますが何卒ご容赦ください。また、本書の性質上内容にかなり重複している（夫の過労死の状況等）部分があることをご了承ください。

目次

第Ⅰ部

夫を過労死で奪われて

1　さよならも言わないで

〝お父さん、この頃変ね。学校から帰ってもあまり口をきかないで、ぐったり椅子に倒れこむし、日頃愚痴なんて言ったことないのに最近よく言うし。相当疲れているようだから、しばらくそっとしておこうね〟

〝風邪が長引いているようだから、お医者に行ったら？〟

〝医者に行ってる暇なんかないよ〟

〝お父さん、学校に遅れるよ。早く起きないと……〟と娘に手を引っ張られてやっと起き上がる夫。

〝学校に行きたくないなぁ、窓際族の悲哀かな？　登校拒否の生徒の気持ちが分かるなぁ。でも後二日で冬休みだ、自分を励まして行くか〟

〝行ってらっしゃーい。気を付けてね〟

こんなやりとりが、夫があの世に旅立つ前の、娘と私と夫との会話でした。

そして、疲労困憊の極に達していた心と体に鞭打ち、渾身の力を振り絞って学校へは行ったものの、力尽きてあの世に旅立ってしまったのです。あんなに元気だった夫が、病気ひとつしたことのなかった夫が、最愛の家族を残して「さよなら！」も言わないで逝ってしまうなんて……

それは、一九八七年一二月二二日、二学期末の午後でした。船橋市内の勤務校内で突然割れるような頭痛を覚え、やっとの思いで更衣室までたどり着くやいなや意識不明になり倒れたものと思われ、病院で手当ては受けたものの、昏睡状態のまま翌年の一九八八年一月一日未明、ついにいのち果てました。

享年五二歳、公立中学校英語教師、校務主任、防災安全主任、管理主任、研究推進委員、運営委員など一六もの校務分掌と担当の英語の授業、中国からの帰国生徒の日本語指導など日常的な業務に加えて、二学期末の全校生徒一二〇〇名分の期末テスト処理と三年生（約四〇〇名）の進路指導のためのパソコンによる資料作成業務で深夜・早朝・休日返上で業務が続き、疲労困憊の果てに力尽きて校内で倒れ、入院、脳外科のある病院に転院するも、手遅れ、脳幹近くの脳動脈瘤破裂によるくも膜下出血という診断を受け、ＩＣＵで治療を受けたのですが、家族の必死の願いも虚しく、発症一〇日後に帰らぬ人となりました。

葬儀の時、夫の勤務校の保健の先生が、涙ながらに語られたお詫びの言葉が忘れられません。

「申し訳ございません。中野先生と廊下ですれ違った時に、割れるような頭痛がするので更衣室で休むと言われた。その時先生の異変に気付いていれば……」と。

聞けば何か急ぎの仕事があったとのこと。私はその先生を責めることができません。それほど教師は忙しいし、私も目の前に急ぎの仕事があったらひょっとして気付かなかったかもしれない。でも後で考えました。お互いに忙しいと相手の異状に気付かず、最悪の結果として人の命を死に追いやることにもなりかねないのだと。「忙殺」という言葉がなぜか気になります。

潔癖で情熱的で、高村光太郎の「ぼろぼろな駝鳥」の詩が好きで、「コンドルが飛んでゆく」の歌が好きで、教えることが好きで、生徒をこよなく愛した、教員そのものの夫でした。故人の遺志により、友人たちの営むメンデルスゾーンの曲を編集した音楽葬の中で、長い葬列に見送られながら、「中野宏之」俗名のままで、自由な天地をめざしてコンドルのように大きく羽ばたいていったことでしょう。

2　家族で支えあって

夫の母（七三歳）、息子二人（大学生）、娘一人（高校三年）と妻（中学校教師）の五人が残されました。

最愛の息子に先立たれた年老いた母は半狂乱になり毎日泣いてばかり、三か月後に、高校卒業を控えた娘は、夜中に飛び起きてお墓に走り出したり、夜空に向かって泣きわめいていたり、息子たちも交通事故を起こしそうになったり、今にも倒れそうな家族でした。それでも、残された五人で、必死に支え合って生きていました。

私は、勤務校が近かったので徒歩で出勤していました。学校には若い男性教師が元気に働いていました。羨ましいというより恨めしくさえ感じました。

〝なぜ自分の夫だけが死ななければならなかったのだろう？　なぜ我が家だけがこんな不幸のどん底に落とされなければならないのか？〟

それでも授業中は気を紛らわせることができました。それが救いでした。しかし、授業を終えて一歩廊下に出るとドッと悲しみが溢れてきます。窓の外に眼をやると、動いている男性がいるのです。〝あの人たちは生きている〟。夫と同じ年恰好の人を探す。みんな生きている。なぜ夫は死んだ……？　人間とはなんとおぞましいものでしょう。不幸のどん底に落とし込まれると、まったく自分本位に考えて、他が見えなくなってしまうのです。当時の私の心には夜叉が住み込んでしまったのかもしれません。今思うと悲しくなります。

そんな日々を繰り返しているうち、ある日夫の同僚から、「中野先生の死は公務災害だから申請した方がよい」というアドバイスを受けました。私も、転勤以来の夫の様子から、学校で倒れて死亡したのだから当然公務災害だと思い心が動きました。折しもラジオからこんな声が聞こえてきたのです。「新しい労災認定基準に、脳・心臓疾患による死が加わった……」。〝とすれば、夫はひょっとすると認定基準に当てはまるかもしれない〟おぼろげながらこんなことを想ったと記憶しています。普段はこのたぐいの報道は聞き逃がすであろうに、この時はなぜか自然に耳に入ってきたのです。今でも不思議です。こうして、同僚や船橋教職員組合（船教組）の勧めもあり、いろいろ考えた末に公務災害申請に踏み切ったのでした。

当初私は、学校の仕事のために夫はストレスと過労に陥り、勤務時間中に倒れたのだから当然すぐにも公務災害として認められるだろうと簡単に考えていました。今思うと本当に世間知らずだったことが分かりました。世間はそんなに甘いものではなかったのです。

手続きのために市役所から取る戸籍謄本には、夫の名前が大きな×で消されているのが辛く、その度に涙を流していたことを思い出します。他の遺族の多くが同じ思いを抱いているようです。残酷です。

3　書き連ねた思い

突然、夫を亡くし、どのような思いでいたのか。次の二つの文章は、依頼を受けて寄稿したものです。いま読み返すと、思いがけない出来事に遭遇して動転し、ほとばしり出るような想いを推考もせずに書き連ねた感じです。

どうして死ぬまで働いてしまったの

「お父さん、早く目を開けて！」「あなた、頑張って！」娘と私はベッドのそばで、意識のない夫の心に届けとばかり、血も凍る思いで低く叫んでいた。が、その時すでに、夫の心臓の鼓動を記録する針の振れは止まり、横に一本ツーと走っていたのだそうだ。

一九八八年一月一日午前五時一五分、死の宣告を受ける。なんということだ、私の夫が死ぬなんて。「ちょっと待ってください。また呼吸を始めるかもしれない」。医師に懇願したが、所詮無駄であった。

そして、信じられない思いの毎日が虚しく流れて早や二年半余、ぽっかり空いた大きな空洞を家族で抱きしめて、ひっそりと寂しく、しかし怒りに燃えて暮らしてきた。「あなた、どうして死ぬまで働いてしまったの？　お人好しだから、丈夫にまかせて仕事を引き受け、他の教員の負担を背負って、死んでしまったら、何もならないじゃないの。ごめんなさい。倒れる一週間前頭痛を訴えた時、いつものカゼだと軽く考えてしまったけど、病院に行かせればよかった。朝、娘に手を引っぱられて起き上がり、だるそうに出勤して行ったあなたを、どうして休ませなかったのだろう。〝仕事に張り合いがない〟〝もっと生徒につきたい〟と、寂しそうに話していた胸の内を、もっと理解してあげればよかった。どろどろしたストレスで、どんなに煮えたぎっていたことか」——どんなに夫に詫び、死に追いやった学校の体制を責めても、愛する夫はもう帰ってこない。

しかし、生徒を愛し、教育を愛し、学校の仕事を懸命にやり、そのために逝ってしまった夫、愛する家族に「さよなら」もいえずに、突然消えてしまった夫のため、なんとしても公務災害として認めてもらおうと誓った。現在では、是が非でもかちとりたい気持ちでいっぱいである。

さいわい、末娘にだけは教育費がかかるが、三人とも成人し、長男、次男は就職しており、私を支え励ましてくれる。遺族年金は、私が働いているため、一緒にいる年老いた夫の母にのみ、わずかに支給される。したがって、経済的にはなんとかやっていけるけれど、小さい子どもを抱えた遺族の方は、どんなに辛かろうと思う。私が仕事をもっていたことは、経済的にも精神的にも大きな救いであった。

＊

冬休みを三日後に控えた一二月二二日、朝食後まだ寝室で横になっている夫に言った。

「あと二日頑張れば冬休みよ」と。「そうだな、自分を励ましながら行くか」。夫を送り出して私も出勤した。そして午後二時半頃、夫が意識不明になり、救急車で運ばれた旨の電話を受けたのだった。無我夢中で駆けつけた病院の救急処置室の前には、若い養護教諭がおろおろしていた。翌日、脳外科のある病院に転送され、はじめて重度のくも膜下出血と診断され、ついに意識不明のまま、帰らぬ人となってしまったのである。

割れるような頭痛を、ひとり我慢して更衣室で倒れていたために発見が遅れ、脳外科のない病院に運ばれて一夜を過ごしたことが、悔やまれてならない。なぜ？　なぜ夫がくも膜下になぞなったのだろう。五二歳とは思えぬくらい元気で若々しく、青年みたいだといわれていたのを得意がっていた夫だったのに――。

思えば、新しい中学校に転勤してからの九か月間、いろいろなことがあった。まず着任した翌日、私に見せた校務分掌には、夫の名前が一六箇所にもみられたことである。校務主任・安全主任・管理主任・給食会計・校納金関係、その他小さい係がいくつもあり、私は驚き、怒った。そのどれもが、経験しなかった仕事で、事務的・管理的なもので、直接生徒の指導に関わるものではなかった。「こんなに多くては死んでしまうよ」。それが現実になろうとは、なんと酷なことか。英語の授業を一八時間、帰国子女の指導を一時間受けもってのほかにである。

「僕は別に偉くなりたいと思わないから、教頭の下請みたいな味気ない仕事はしたくない。もっと生徒につきたい。生きがいがない」ともらし始め、疲れた様子でぐったりして帰る日が多くなった。校舎の戸締まり、公開研究会が近づいた頃は、植木の手入れや廊下のペンキ塗り、台風や地震のあとは破損個所の点検・修理、防災訓練の指導や会計の仕事まで、五〇歳過ぎた夫にはきつい仕事であった。でも、まじめで誠実な夫は、職務に専念した。

夏休みも近づいたある日、同僚である私の友人から、「中野先生、相当疲れているから大事にしてあげてね」と言われたことがある。いま、その言葉が冷たい風となって、私の頭の上を通り過ぎる。こうして、神経と体力を知らぬ間にすり減らしていったのだ。にもかかわらず、夫は学期末の成績処理の仕事を三学年分約一二〇〇人の生徒の成績と、三年生の進路指導のための資料をパソコンに打ち込んで処理する仕事を、自ら引き受けてやったのである。

いま思うと、それはほとんど気狂いじみた仕事ぶりだった。学期末テストが終わってから、担任が通知票を書くまでの期間だから、まったく短期間に集中的にやらざるをえない。しかもミスは許されない。夫は、朝も夜も日曜もキーをたたき続けた。担任も忙しいので、資料を上げてくるのが遅い。それを待って空き時間や昼休みに家にバイクをとばし、パソコンで打って午後の進路指導会議に間に合わせたり、操作がわからなくなって、友だちの家に夜聞きに行って帰ってから深夜まで打っていたり、「僕が、この面倒な仕事をしてやれば、担任は生徒の指導につける。副担任も助かるし、残業も減る」といいながら、家中にパソコンの金属音を響かせていた。

教員の場合、学期末はまさに戦争である。授業に生徒指導に成績処理にと、みんな学校だけでは消化できず、持ち帰って明け方まで仕事をする人もいる。それを知っているから、夫はクラスを持っていないので、せめてお手伝いできるところで助けたかったのだ。だから、頭痛がして風邪気味でも、パソコンを打ち続けたのだ。

数字を一つでも間違えれば、進路決定に響く場合もある。どんなに緊張してやったことだろう。でも後で聞けば、少しミスがあったとか。几帳面で仕事の確かな夫、ほんとうに疲れ果てていたのだろう。かわいそうに——。

＊

これほどまでにがむしゃらに校務をやり抜き、教職に殉じた夫の認定に、何を基金係は迷うことがあろうか。自宅業務の時間を一〇〇％労働時間としてみられないというなら、教員や同類の仕事をする人は、みんな認定されなくなってしまうだろう。夫も、学校にパソコンがあれば、わざわざ家でやりはしない。

長い期間の蓄積されたストレスや過重性を考えようとせず、ただ単に一週間くらいの、しかも数字に表れた労働時間のみで判定しようとする基金係の姿勢に、ほんとうに憤りを覚える。「カローシ」などという悲しい、そして国際的に恥ずべき言葉は一刻も早く日本の社会から消さなければならない。私たち労働者が、もっと豊かで人間的な生活ができるよう、まずは認定に向けて頑張っていきたいと思う。

（『労働運動』一九九〇年一一月号より）

教育への情熱も「公務外」としか受け止められない

一九八七年一二月二二日、午後一時五五分ころ、夫は職員室の隣りの更衣室で倒れていたのを発見された。少し前に、廊下ですれ違った女性教師に激しい頭痛を訴えたらしいが、自分では少し静かな場所で休んでいれば治ると思ったのだろう。倒れて約三〇分後に発見されたらしい。大きないびきをかき、全身硬直していたという。

連絡を受けて病院にかけつけたときにはすでに意識はなく、応急手当てを受けていたが、その病院には脳外科がないため、診断も治療もないまま不安な一夜をすごした。翌日やっと医療センターに転院し、そこで初めて「くも膜下出血」ということがわかった。手当てを受けたが、意識が回復せぬまま翌年一月一日の早朝息を引きとった。私と娘は目の前の夫がもうこの世の人でないことも知らず、人工呼吸器をつけられた夫のかたわらで「お父さんがんばって！　早く目を開けて！」と呼びつづけていたのだった。こんな悲しい別れがあるだろうか。朝、「行ってらっしゃい」と送り出し、そのまま、サヨナラも言えず帰らぬ人となるなんて。

一九八七年四月一日、教員の定期異動で夫は市内の中学校に転勤した。当日、帰宅してすぐに校務分掌表を見せて言った。「こんなに分担が多くては死んでしまうよ。名前が一六箇所も出ている」と。それが現実になってしまったのである。同じ教員である私は、それらの仕事がどんなに量的に多いものであるかわかったので怒って言った。「こんなの非常識もはなはだしい。断ったら？」。しかし、それが無理なこともわかっていた。

校務主任、管理主任、安全主任と三つも主任の役（これも異例のことである）を任され、そのほかに日課時間割の係り、学校会計の係りなど、三〇年間まったく経験したことのない管理的、事務的な仕事がまわってきたのである。役目だからしかたがないとはいえ、それはたしかに辛く、教師としてはやり甲斐のない仕事だった。電話の取り次ぎ、植木の手入れ、廊下のペンキ塗り、校舎内外の破損個所の確認と簡単な修理、放課後の戸締まり等々。生徒指導とは直接かかわりのない仕事ばかり。それに加えて、会計である。

しかも、それらの仕事は、英語の授業を週一八時間と、中国帰国生徒への適応指導を一時間受け持ったほかにするのである。夫は、転勤早々血圧が上昇し、体の不調を訴えはじめ、元気がなくなってきた。時間割を組むために、一二時～一時ごろ帰宅したことが二、三度あっただろうか。それを皮切りに、帰宅時間も遅くなり、疲れたようすでぐったりと椅子に腰をおろし、いらいらを訴えるようになった。

夏が終わるころになると、しだいに夫のいらいらは嘆きに変わり、「こんな仕事ばかりでは生き甲斐がない。窓際族の悲哀かな。学校がつまらない。登校拒否の生徒の気持ちがわかる」とまで言うようになった。結婚して以来、こんな夫の姿を見たことがなかった。いつも元気ではりきっていて、生徒に英語を教えることが楽しくて、学校体制の不合理なところはいつも前向きな姿勢で改善しようと努めていた。その情熱的な姿勢は生徒からも同僚からも信頼されていた。私はそんな夫を尊敬していた。弱腰で泣き言を言う夫を見るのが辛かった。けれど、しだいに疲れも悩みも深刻になっていくようだった。「お父さん、このごろようすが変だから、黙って話を聞いてやろうよ」と娘に言い出したのは、一〇月だったろうか。

一一月に入り、学校はもっとも忙しい時期を迎えた。三年生の進路指導が始まり、面接やテスト、その処理。一、二年生は学期末テストがあり、その処理や指導などで、文字どおり「師走」の状態になる。クラスを担任していない夫は、パソコンで入力する仕事を依頼され、忙殺されるはめになった。

一学年一〇学級だから、全校三〇学級分、約一二〇〇名分の成績、そして三年生四〇〇人分の進路指導資料を入力しなくてはならない。しかも、学期末テスト後、資料ができてから、冬休みまでの約二週間で終わらせなければならない。授業がぎっしりつまっている合間を縫っての入力作業なのだから、とても間に合わず、皆で分担しても夜の九時～一〇時ころまでの残業になる。夫も家に持ち帰って、午前二時～三時、ときには明け方まで仕事をしていた。

亡くなる一週間前は頭痛がしていたが休めず、朝、娘に手を引かれてやっと起き上がった。新聞をとりに行く気もなくなり、出勤ぎりぎりまで横になっていたり、疲労困ぱいしていた。パソコン操作の未熟であった夫が、ミスの許されない膨大な量の数字の入力で、極度の緊張と疲労が重なり、それが引き金となって一二月二二日、倒れたのである。

悪夢のような、信じられない事件だった。二五周年のささやかな銀婚旅行もむなしく消えさった。朝起きても、仕事から帰っても、愛する夫の笑顔はどこにもない。声もない。寂しく遺影を見れば涙がぽろぽろこぼれるから、写真の夫とはなるべく目を合わせないようにしている。

七八歳の夫の母、長男、二男、長女。この三年半、寂しさ、悲しさ、そしてたとえようもない頼りなさを家じゅうでかみしめ、お互いに自分自身を保つのに必死だったような気がする。幸い、子どもたちは成人し、私も働いているので、なんとか生活はしていける。しかし、泣きながら公務災害認定請求の書類を書いたり、夫の命日に家族で街頭署名に立ったり、集会で訴えたり、署名の礼状を書いたり……口惜しさはそのたびにこみあげてくる。

二つの無念さが、私たち家族の心のなかにはある。一つは、夫の生命が突然、外からの力によって一方的に奪われてしまったこと。第二の人生を夢見ながら、それを果たせずして、非業の死を遂げたことである。元気で、若々しくて、病気一つしたことのない夫がである。第二は、夫が教育に愛情と情熱を持ち、懸命に働いてきたことがなんら評価されず、「教師として通常業務の範囲内であるので、公務過重性は認められない」と決めつけられたことである。学校という職場では当たり前になっている「持ち帰り残業」が、「校長から命令を受けていないので、時間外勤務として公務に従事したと認めることはできない」という理由で、「公務外」とされてしまったのだ。

このような不合理がまかり通ってよいものだろうか。校長に命令されず、家に持ち帰ってした仕事は、まったく個人の趣味で、勝手にやったのだから死ぬのは個人の責任だとでも言うのだろうか。学校では処理しきれないから家庭に持ち帰るのであり、生徒のために必要だから命令されなくてもするのである。家庭残業を、校長は命令できないのである。

夫の死は、勤務以来の校務によるもろもろのストレスや肉体的疲労と、亡くなる前一ヶ月の早朝・深夜にわたる殺人的なパソコン作業による極度の疲労とが原因なのである。それなのに基金支部は、「公務の過重性」をがんとして否定している。これでは夫があまりにもかわいそうではないか。学校のため、生徒のためにと一生懸命仕事をしたその代償が「死」であり、なおかつその仕事が公務と認められないとしたら、夫の教育愛はなんだったのだろう。

私はいま、地方公務員災害補償基金千葉県支部審査会に審査請求し、「公務外」とした処分をとり消すためにたたかっている。サヨナラも言えずに逝ってしまった夫へのせめてものはなむけに、ぜひとも、「公務上」をかちとり「ごくろうさま！」と、心をこめて墓前に報告したい。このせつなる願いが、審査委員の魂に響けと祈りたい気持ちでいっぱいである。

こんな私の思いをよそに、超過密ダイヤの歯車は、巨大な力で平然と回りつづけている。そして教師も、毎日疲れきって家路につく。「カローシ」などという、おぞましい言葉をなくすため、そして大切な人の命をむしばむ歯車を止めるため、私は訴えつづける。皆とともに。私たちのように悲しむ家庭があとに出てはならない。

（『日本は幸せか――過労死・残された五〇人の妻たちの手記』教育史料出版会、一九九一年より）

4　友人の思い

夫の古い友人の石坂壽男さんから追悼の漢詩をいただきました。石坂さんは家族ぐるみのお付き合いをしていた方で、認定闘争の時にも大変協力をしてくださいました。二〇一六年五月頃、突然電話があり夫の墓参をしたいとのこと、船橋新京成線北習志野駅で待ち合わせ、夫妻とタクシーでお墓に向かいました。その時墓前で高齢ながら朗々と吟じてくださったものです。三〇年近く経った今でも……と思うと、その優しさが嬉しくて涙が溢れました。

追悼詞
人生如夢亦若烟
君逝茫茫転暗然
髣髴温容不答呼
大空漠漠恨綿綿

人生　夢の如く　亦烟の如し

君逝いて　茫茫　転た暗然
髣髴たる　温容　呼べども答えず
大空　漠漠　恨み綿綿

《字解》「茫々」：はてしないさま、「転た」：いよいよ、「暗然」：悲しく心のふさぐさま、「髣髴」：ぼんやりとみえるおと、「温容」：やさしいおもかげ、「漠々」：はてしなくひろがるさま、「綿々」：絶えないさま

《詩意》人世は夢のようなはかない。君が亡くなられて暗然たる思いでいっぱいである。瞼に浮かぶ優しい面影は、呼んでも応えてくれず、空しい思いは果てしなく、恨みは尽きない。

5　公務災害認定闘争へ

岡村弁護士との出会い

相談の結果、申請には弁護士に依頼した方がよいということになり、労働旬報社（現・

旬報社）に勤めていた木内洋育氏が岡村親宜弁護士を紹介してくださいました。八か月後の一九八八年八月三日、船橋教職員組合（船教組）の当時書記長だった岡野京さんと共に、東京本郷合同法律事務所を訪れたのが、私の認定闘争の始まりでした。事情を縷々説明した後、岡村弁護士曰く「学校長経由で提出する規定の書類ではとても通らない。中野先生の業務が取り立てて過重であったことを立証するため、他の教員と比較できるような資料を揃えなさい」と。

認定に向けての活動

八月二四日、船教組による、第一回「中野先生の公務災害認定をすすめる会」が開かれ、岡村弁護士の指導に沿って、申請書作成の実務・資料集め・署名・募金活動などの方針が出され、多忙中にもかかわらず活発な活動が展開されました。呼びかけから一か月で、三〇〇〇人の署名と多額のカンパが寄せられ、最終的には三万筆の署名に達しました。その間を縫って、夫と同じ校務分掌の他校の先生の労働時間数や他の校務分掌など、本当に綿密な資料を揃えてくださいました。一〇月、千葉県職業病対策連絡協議会（職対連）の小田原憲司会長、長谷川吉則副会長（千葉健生病院医師）から支援の申し入れをいただき、大変心強く感じました。

一九八九年二月一日、地方公務員災害補償基金千葉県支部に申請書を提出。それから私の必死の行動が開始されました。振り返ってみると、よくもあれだけ動けたなあと感心し、自分が愛おしくなります。職対連による「中野先生の過労死を考えるつどい」が、早速五月一日に「はまのや」の二階でもたれ、夫の死について大勢（四〇〜五〇名くらいだったでしょうか？）の前でおずおずと訴え、胸が詰まってよく話せなかったことと、皆さんに励まされて大変嬉しかったことが、鮮やかに思い出されます。

一九九〇年は何かに突き動かされているように激しく動いた年でした。署名集めの訴え、ビラ撒き、各種学習会や各集会と、認定を取るためにプラスになることは何でもしようと、体力の許す限り動きました。有難いことに、訴えの機会を作ってくださる方々が多かったのです。退勤後の夜とか、土日・休日も訴えの声掛けに応じるため走りました。時には私が過労死してしまうのでは？と心配になったこともありました。頭上にいつもズシッと重い鉄板が覆い被さっていて、何かに追い立てられているようで、息苦しい毎日でした。どんな方法で行動したら最も有効か、寝ても覚めても頭の中はそのことでいっぱいでした。長男の提案で、家族五人のコメントを書いたビラを作り、中央メーデーやその他の集会で配りました。二回目のビラは、カラー印刷で夫の同僚である斎藤とも子さんと故中村真子さんのコメントをいただき「父を返せ」の見出しで、命日「一一」のつく月に三度、家族で新京成沿線やＪＲ津田沼・船橋の駅頭に立って、サラリーマンの退勤時間帯を見計らって配り、署名をしていただきました。近くに住む同僚も駆けつけて夜遅くまで署名活動をしてくださりありがたかった！　七〇歳を超えた夫の母は、生まれて初めてのビラ配りに緊張し、ずいぶん疲れた様子でした。

一〇月八日、当時中学三年の担任だった私は、高校の進学説明会の帰途発熱。脱水状態で東船橋病院に即入院。膠原病の疑いがあったとのこと。毎晩高熱にうなされ、発熱に怯えての一か月が続き、基金支部への署名は長男と支援の方が提出に行ってくださいました。署名はある程度まとまると基金支部に届けに行き、その際進捗状況を聞くのですが、「本部の方で協議している」との回答。そこで、本部に行くと「支部に決定権があるから」と。また支部に行く。「本部で協議中だから」と。この繰り返しで、たらい回しが三〜四度繰り返されたでしょうか？　次第に苛立ちが募り始めました。

一九九〇年五月一二日、「東京過労死を考える家族の会」結成の話が持ち上がり、私も世話人になり、馬渕郁子さん、八木光恵さん、石井幸子さん他遺族と知り合い、同じ苦しみを背負った仲間と一緒に頑張っていくことに勇気づけられ慰められ、生きてゆく力をいただきました。この頃マスコミにも取り上げられるようになり、辛いけれど過労死の実態を知って欲しいという一念で、取材に応じました。

一〇月一二日、労働組合や大学教授の皆さんの呼びかけにより、長男が事務局次長となり「東京勝ち取る会」が結成されました。千葉の「すすめる会」と連絡を取りながら東京での運動を広めてくださるとのこと、本当に力強く頼もしく嬉しいかぎりでした。鑑定意見書は、千葉健生病院の長谷川吉則先生と医療センターの主治医だった金弘先生とが、過重業務と発症との因果関係を克明に書いてくださり、これも本当に嬉しいかぎりでした。

書類も資料も運動も、やれるだけのことはやり尽くした、後は天命を待つのみと一抹の不安を抱えながらもひそかに期待をしていました。喜ぶ姿を思い描きながら……。

「公務外」不当な理由に憤慨

一九九〇年一二月二〇日、夫の勤務校の校長室で「公務外」の通知を受け取りました。多少覚悟はしていたものの、その文字を見るや、瞬間目の前が真っ暗になり、その場に倒れこんでしまいました。同席していた故中村真子さんの車で自宅まで送られましたが、「公務外」の理由たるや結論ありきの酷いものでした。一九九一年一月二八日基金支部に行って分かったのですが、主な理由は、〃*仕事は通常業務の範囲内であるから、公務過重性は認められない。*パソコンの作業も自宅でやる緊急性もなく、校長からの命令も受けておらず、過重な負荷はない。仮に校務であっても、職場での勤務と同等には評価できない〃

という主旨のものです。これが怒らずにいられましょうか。

ついに勝ち取った公務上認定

この公務外の理由は、日本中の教員を激怒させました。「私たちはいちいち校長に命令されて仕事をしているのではない」と。火に油を注いだ形になりました。私は直ちに再審査請求をし、千葉職対連のお力で審査会六回、現場検証一回を実施させることができました。審査会では意見陳述ができるので、私はこれが最後と必死の思いで泣きながら、校務荷重による発症と死亡との因果関係を訴えました。

一九九二年一月三一日最後の審査会が終わり、結果が出るまでのなんと長かったことか！　九〇年三月、「東京家族の会」の馬淵郁子さんの朗報、続いて九二年七月石井幸子さんの朗報が入り、お二人の精力的な活動に感動し、これからの自分の活動にどう活かそうかと考えながら、何度も基金支部に要請に行ったのですがそっけない態度で要領を得ず、苛々していました。そんな矢先、公務上認定の知らせが来たのです。飛び上がって喜び、涙でぐしょぬれになったことは言うまでもありません。

振り返れば印象に残ることが沢山あります。先ずは弁護士の岡村先生に、何でも相談にのっていただいたことです。公務災害の場合、申請時に校長とのやり取りが多く、トラブルが多いのですが、事実と反する学校からの提出書類のことやそれについての対応の仕方などすぐ電話をして指導していただいたり、また望月浩一郎弁護士には大雨の降る日、わざわざ東京から船橋の自宅にまで来てくださり、夫のパソコン作業の打ち出しをしていただいたり、本当に御礼の言葉が見つかりません。

また千葉職対連の運動の進め方も功を奏した大きな一因です。基金支部への交渉、審査会六回もの開催と現場検証をさせたのも職対連です。それまでの実績がそうさせたのでしょう。大変力強く、励まされました。とくに中林正憲さんは公務災害事案を多く扱っていた関係上、多大なお力添えと励ましをいただきました。「中野さん、当事者の貴方が頑張っているから、支援者は頑張れるのだよ。」またこうもおっしゃいました。「基金本部に行ってしまうと長引くから、どうしても支部段階で取ってしまわなければ……」と。意気込みのほどがうかがわれました。ありがたかった！〝そうだ、私がしゃんとしなければ〟と、くじけそうになる自分を奮い立たせ、私も腰を据えて覚悟を決めました。

それと、何よりも私を支えてくれたのが、船教組の勝ち取る会です。中野の事件を我がこととして受け止め、市内中学校の校務分掌表や主任の持ち時間数などの資料集めや基金支部交渉はもちろん、公務外になってからの六回の審査会はいつも会場が代理人で溢れ、合計三二二名に及びました。教員の働き方の実態をみんな切々と訴えました。故中村眞子さんは私の同僚であり友人でしたが、認定闘争に最も尽力してくれ、彼女が当時の校長を説得してくれたお蔭で審査会の現場検証が実現したと言っても過言ではないでしょう。「死をも招く教育現場の実態を告発する」という題で審査会で口頭意見陳述をしてくださったり、手作りビラにもコメントを載せてくださったり、本当にお世話になりました。ご冥福をお祈りします。

6　共に闘った方の思い

岡野京さんは、公務災害認定闘争に船教組の書記長さんとして、また友人として最初から最後まで関わり終始私を励まし応援して下さった方で、私が教員になったころからのお付き合いですからかれこれ五〇年超になるでしょうか？　最近ではご一緒にマチュピチュや中国雲南省に旅行したりして、その人間味あふれるお人柄には心から尊敬し、頼りにさせていただいている方です。

その方からの手紙がとても嬉しかったので、掲載させていただきます。文中「藤沢だより」とあるのは、親しい方に年四回、時事問題について雑感めいたものをハガキで郵送しているものです。

＊

岡野京さんからの手紙

一週間ほど前、読み直す推理小説（一度読んだものをストックし、内容を忘れたものから読み直している）を探しに物置に入ったとき、奥のほうにあった緑色の背表紙、『コンドルは翔んでゆく』が目にとまりました。あの、緑色の表紙を目にすると浮かんでくるのは、宏之氏の少年のような（失礼）笑顔です。冊子を手に取り、しばらくのあいだ立ち読みをしました。これだけの人が、これだけの思いをこめてたたかったことが、勝利の原動力だったんだと、物置の中であらためて思い、感動しました。

最後の二三号『藤沢だより』を読ませていただき、宏之氏が亡くなられて二六年たったことを知り、奥様のこの二六年間は、ご主人とご一緒の歩みだったんだなと感じました。これからは、今回勝ち取った法律に魂を入れ、実効性のある法律にしていかれるとのこと、お体をいたわりつつ、楽しくたたかわれますよう願っています。悲しいたたかいもありますが、たたかいは楽しくです。歴史の歯車を回す、崇高な営みなのですから。

（中略）

二六年前、奥様と二人で岡村弁護士の事務所に行ったことは忘れられません。岡村弁護士は、引き受ける前提条件だとして、最後に私の目を見て「船教組は、たたかうのですね」

と念を押されました。私は、「はい、船教組は、応援ではなく、自らのたたかいとしてたたかいます」と、少し背伸びして、誓うように答えました。あの瞬間、責任の大きさにしびれつつも、船教組の書記長をやっていてよかったと思いました。中野先生のたたかいを少しは担えると思ったからです。

この手紙を書くにあたって、もう一度『コンドルは翔んでゆく』を手にしています。あらためて岡村弁護士の文も読みました。岡村、望月、両弁護士は素晴らしかったですね。自らが、あれだけ素晴らしい弁護を展開されながらも、一番良い時期に「代理人を集めなさい。それも一人でも多く！」と、集団の力に依拠した方針を、断固として打ち出したことが、すごいと思います。最初に「船教組はたたかうのか！」と問うた彼だからこそ、集団の力を信じきってたたかう彼だからこそ出せた方針だと思います。

奥様の『お礼にかえて』には、次のように書かれています。

「今、無事認定を勝ち取り、やっと夫への餞ができたように思います。亡き夫の笑みは再び見られず、喜びのそこに澱む一抹の虚しさは拭い切れませんが、この運動を通して、私は何物にも代えがたい宝を夫から贈られました。それは、優しく真実なたくさんの皆様との出会いであり、連帯と団結の力の偉大さであり、働き過ぎ社会の不合理に向けられた私の目とわずかな行動力かと思います。それらもろもろの複合された結晶としての『認定』の重みを、今じっくりとかみしめています。」

優しく真実なたくさんの皆様との出会いであり、連帯と団結の力の偉大さ……と書かれています。でも、それを創り出したのは、宏之氏の生前の生き方や人柄と、奥様を中心に頑張られた家族の皆様の奮闘があってこそのものです。若造（若くはありませんが）が生意気をいいますが、本当に素晴らしい夫であり、妻であり、父であり、母であり、子どもさんたちであって、だからこそ創り出せたたたかいだったのです。私は、比較的ご家族の近くにいて、運動を創り出していた一人ですから、そのことがとてもよく分かります。私が同じことを訴えるにしても、力の入り方が違うし、訴えたときのしみ込み方、受け止め方が違うのです。運動は、正しければ広がるわけではなく、人なのです。

そして、もう一つ強く言いたいのは、あの運動に関わった多くの人が、仲間の素晴らしさや、連帯と団結の力の偉大さを、奥様と同じように、体験を通して感じることができ、生きる勇気や喜びをもらったということです。「公災の認定」ということ自体が、歴史の歯車を確実に一歩回したのですが、それ以上に、多くの人に連帯や団結する人間の素晴らしさを教えてくれ、確信させてくれて、それは、目には見えないけれど歴史の歯車を大きく前進させたのだと思います。歴史の歩みは、形ではなく（形も大事ですが）人だと思うからです。そして、だからこそ、あのたたかいに関われたことが、ずっと多くの人たちの誇りとなっているのです。だから、お礼を言わなければならなかったのは、本当は私たちの方なのです。

このことは、ずっと思っていることですから、一度くらいはお話ししたことはあるかも知れません。でも、話した言葉は消えてしまうので、一度、文にしてお届けしたかったのです。

巻末の三二二人の代理人の名前を見ています。勝利のときよせられた、多くの皆さんからの喜びの声も見直しています。『コンドルは翔んでゆく』の冊子、素晴らしいですね。作っておいてよかったですね。

勝利の記念にいただいた桜皮の茶筒、大切に使っています。ペルーに一緒に行けたことの喜びも、今、だんだん大きくなってきています。

（後略）

追伸　もう一度生意気をいいます。あのたたかいで一番強く感じたのは、奥様の、ご主人に対する深い愛です。本当に素敵なご主人、奥様です。

第Ⅱ部

過労死のない社会を求めて

一　「過労死等防止基本法」の制定を求めて

二〇〇八年九月、「過労死等防止基本法」の制定を求める決議が、過労死弁護団全国連絡会議（略称・過労死弁護団）・日本労働弁護団によってなされ、この時から集中的な活動が始まりました。二〇〇九年に自民党から民主党に政権交代し、遺族が動き出さねばと有志が手探りで衆・参議員会館事務所訪問を始め、民主党議員との面談を何度も重ねた結果、議員立法で制定を！　という方向が出されました。二〇一〇年一〇月「ストップ！　過労死」第一回院内集会を全国家族の会主催で開催。以来二〇一四年六月の「過労死等防止対策推進法」制定まで、二〇一一年に結成された「過労死防止実行委員会」において決定した三本の柱をもとに、全国各地で精力的に活動を開始しました。

1　署名集めに奔走

三本柱の一つ、署名集めで真っ先に思い出すのは、保育問題協議会全国集会の会場になった横浜アリーナでの場面です。真夏の炎天下、体育館の入り口周辺で一〇名ほどで訴えたのですが、何しろ暑くて目が回りそう。熱中症を怖れながら、我慢して立っていましたら、尾林芳匡弁護士と色部祐さん（働くもののいのちと健康を守る東京センター副理事長・社会保険労務士）が、「中野さん、ここだと中から冷気が出てきて涼しいよ」といたわってくださいました。あの時どんなに救われたことか、今でも思い出してホッとし、嬉しくなります。また明治公園の全国青年の集会では尾林先生に、署名の効率的な集め方を教わりました。私の事案の時の署名集めは、駅頭やデモ等で足早に歩いている人に頼むので署名板は一枚だけでしたが、たくさんの人が集まっている場所では、署名板を何枚も配って、休んでいる人々に書いてもらう方がよいということでした。

それからは、お茶の水の駅頭でも新宿の小田急デパートの前でも、母親大会でも署名板を五～六枚用意し、多くの方に書いていただくことにしました。雨の日も風の日も、手がかじかむほどの寒い日でも、せっせと出かけてゆきました。雨の降るお茶の水駅頭での署名集めの時、川人博弁護士、色部祐さんの訴えの後に交替で訴えましたが、雨が降るので署名集めはついつい屋根のある改札近くに行ってしまいがちで、駅員に注意されたり、日比谷公園では「今日の集会と趣旨が違う」と断られたりもしました。私はなるほどとすぐに納得し怯んでしまいましたが、「そんなことで怖気づいていては駄目よ」とお尻をたたかれ「そうか」とまた納得して、それからはめげずに、一〇〇万人署名に向けて少しでも多くと頑張りました。

日本母親大会では、新潟・神戸・千葉・横浜で全体会と分科会でも訴え、署名をたくさんいただきました。母親に限らず老若男女にとって深刻な問題に違いないということで、誘い合って書いてくれました。

東京の日比谷公会堂では、若者の格差や労働問題に取り組むＮＰＯ法人ＰＯＳＳＥの方も多数応援に駆けつけてくださいました。

とりあえずの目標としていた五〇万筆を達成した時には東京の皆で喜び合いました。結果的に、最終集約数は約五五万三千余筆にのぼりました。最後の院内集会の時には、署名簿がうず高く積まれ、テーブルが倒れそうでした。皆の力の偉大さを感じ達成感に包まれました。

2　賛同者を募り、呼びかけて

過労死防止基本法制定に向けて、各地でいろいろ対策を練って行動しました。東京では尾林先生を中心に弁護士会館に集まり何度も会議を重ねました。一人でも多くの賛同者を募るためにリストアップした名簿の場所を皆で手分けして歩きました。私は色部さんの案内で、目ぼしい団体や個人にお願いにせっせと歩きました。汗が噴き出る暑い日も風の吹く寒い日も、地図を持って行き先を確認しながらくたくたになるまで歩きました。色部さんは尋ねる先を確認しながら長いコンパスでどんどん先を行きます。続いて寺西笑子さん（全国代表）、鈴木美穂さん（名古屋代表）、そして最後尾を私が遅れじといつも追いかけて歩きました。吉村りよみさん（東京家族の会）とも、色部さんの説明の後に、交替で訴えながら何か所か訪れました。訪問した先では、皆さん気持ちよく賛同してくださったので、帰途疲れも吹き飛ぶ思いでした。手分けした他のグループもさぞ疲れたことでしょう。

訴えオルグ先一覧

全日本民主医療機関連合会、国際人権活動日本委員会、働くもののいのちと健康を守る全国センター、全国労働組合総連合、首都圏青年ユニオン、革新都政を創る会、日本新聞労働組合連合、日本出版労働組合連合会、全印総連東京地方連合会、東京民主医療機関連合会、日本国民救援会中央本部、国土交通労働組合、東京国家公務員・独立行政法人労働組合共闘会議、全農林労働組合東京地方本部、全経済産業労働組合、全司法労働組合東京地区連合会、全労働省労働組合、日本国家公務員労働組合連合会（国公労連）、日本金属製造情報通信労働組合、金属労働研究所事務室長、東京公務公共一般労働組合、日本自治体労働組合総連合、全国保険医団体連合会、全国労働安全衛生センター連絡会議、日本国民救援会、東京地方労働組合評議会（東京地評）、自由法曹団東京支部、日本労働弁護団、自殺対策支援センターライフリンク、日本教職員組合、連合総合労働局・雇用法制対策局、全日本教職員組合、日本高等学校教職員組合、全国私立学校教職員組合連合、民主教育研究所、東京都障害児学校教職員組合、東京都教職員組合、日本母親大会、東京母親大会連絡会、東京総合教育センター、自治労連都庁職、自治労連都庁職教育庁支部、自治労連都教職都立学校支部、自治労連都庁職港湾支部、都庁職住宅支部、東京自治労連東水労、自治労連都庁職共済支部、自治労連都庁職経済支部、自治労連都庁職衛生局支部、都庁職病院支部、都庁職本庁支部

3　地方自治体への陳情

活動の二つ目の柱は、地方議会に、「過労死防止法の制定をせよ」という意見書を採択し、国に提出して欲しいという陳情の活動でした。私は、地元の藤沢市から取り掛かろうと思い、二〇一四年二月一三日、藤沢市議会議員の紹介のもとに、藤沢市議会に「過労死防止基本法の制定を求める意見書」の提出を求める陳情書を神奈川在住の白島由美子さん、猪

又としみさんと一緒に提出。それを皮切りに、神奈川県、横浜市、川崎市、横須賀市、相模原市議会にそれぞれ提出しました。まず専門委員会の方とチラシや資料を持って面談、説明し訴え、是非にと要請しました。それぞれの議会によって対応が多少異なりましたが、各議員さんとも熱心に話を聞いてくださいました。しかし、なんといっても、採択には自民党の議員の力が大きく働いた感じがしています。議会事務局と何度も連絡を取り本会議の時には傍聴に行きましたが、採択されるかどうか心配で、本当に緊張し、神にも祈る気持ちで終始ハラハラしながら傍聴しました。その時間の長かったこと！　それだけに意見書採択が可決された時のうれしかったこと！　三人で抱き合って涙しました。相模原市は、議会が遅かったため陳情を取り下げました。手続きが遅かったのが悔やまれます。

最終的に全国で一四五か所以上の自治体が意見書を採択してくれました。

ここでは、藤沢市議会に提出した陳情書を掲載します。

「過労死防止基本法の制定を求める意見書」の提出を求める陳情

（陳情項目）

「過労死防止基本法の制定を求める意見書」を、国へ提出してください。

（陳情理由）

住民生活の向上に向けた、貴議会の日頃からのご尽力に敬意を表します。

過労死が社会問題となり、「ｋａｒｏｓｈｉ」が国際語となってから四半世紀が経とうとしています。過労死が労災と認定される数は増え続けており、過労死撲滅の必要性が叫ばれて久しいですが、過労死は、「過労自殺」も含めて、年齢、性別、職業を超えて広がり続けています。

労働基準法は、労働者に週四〇時間・一日八時間を超えて労働させてはならないと定め、労働者が過重な長時間労働を強いられるのを禁止して、労働者の生命と健康を保護することを目指しています。しかし、この規制が、「労働者が人たるに値する生活を営むための必要を充たすべき」「最低のもの」（労働基準法一条）であるにもかかわらず、実際の労働現場においては、過重な長時間労働が蔓延し、それが当たり前であるかのようになっているのが現状です。

労働者は、いくら労働条件が厳しくても、使用者にその改善を申し出るのは容易ではありません。また、個別の企業が、労働条件を改善したいと考えても、厳しい企業間競争とグローバル経済の中、自社だけを改善するのは難しい面があります。

過労死・過労自殺撲滅が叫ばれて久しい中、減少するどころか広がり続けていることからすれば、個人や家族、個別企業の努力に任せていたのではその目標を達成できないことは誰の目から見ても明らかです。

そうである以上、国が法律を定め、総合的な対策を積極的に行っていく必要があります。

つきましては、過労死・過労自殺を撲滅するため、地方自治法第九九条の規定に基づき、貴議会におかれましては、意見書を政府にご提出いただきますよう、よろしくご尽力をお願いいたします。

平成二六年二月一二日

全国過労死を考える家族の会
陳情者代表　中野淑子

藤沢市議会議長
高橋八一　様

4　国会議員訪問（超党派議員連盟設立へ）

三つ目の柱は、議員立法を成功させることです。これには「東京家族の会」が頑張るしかありません。代表の中原のり子さんを中心に、衆・参議員会館三棟を皆で手分けして各議員の事務所訪問です。過労死防止基本法制定のため超党派の議員連盟に入っていただきたいこと、院内集会出席のお願い等々、ポスティングしたり、電話で連絡を取り訪問したり、ある時は議員会館内をうろうろしていて咎められたり……効率よく訪問する順番を決めるのですが、足が棒のようになって夜眠れなかったという人もいました。秘書さんの対応もそれぞれで、一喜一憂しながらのロビー活動でした。それにしても「東京家族の会」の人たち、いつも一〇人くらい集まるのですが、それぞれの仕事を手分けし、結束してよく動きました。

「一〇月　秋の臨時国会で成立を！」と議連で決議がなされ「緊急集会が」がもたれ、各党内で手続きに入りました。ここでまた遺族が頑張らねばと、川人博弁護士のご指導のもと京都の寺西笑子さん（全国代表）、神戸の西垣迪世さん（兵庫代表）の二人が都内のホテルに宿泊し常駐体制に入りました。議員との交渉、連絡を受け、直ちに行動、ロビー活動などなど、大変だったと思います。中原のり子さんは東京在住なので、終始議員との対応に明け暮れたと思います。「寺西垣のり子」さんと呼ばれるほど三人は素晴らしい活動をしてくださいました。私も時々四人目として一緒に議員さんたちと面談し、交渉の仲間に入りましたが、「寺西垣のり子」さんにはとても及びませんでした。あの時の三人には、ほとんど私生活がなかったのではないでしょうか？　彼女たちのキャラクターとバイタリティと行動力にはほとほと頭の下がる思いです。本当にお疲れ様でした。

こうして超党派の議員連盟の会員は、設立当初は六五名でしたが、四か月後には一三〇名（与党七四名）にも増えました。議員連盟会長は、馳浩議員（元文科大臣）でした。超党派議員連盟設立一年後に法案成立を見るのは非常に画期的とのこと。マスコミの報道も一四社を超えました。その他テレビ取材も多数ありました。

5　院内集会

二〇一〇年一〇月、第一回院内集会「『ストップ！　過労死』〜過労死等防止基本法の制定を求めて〜」を、過労死家族の会主催で行いました。初めての院内集会で手作り、手探りで必死な思いで開催した記憶があります。周囲を木の葉で散らし、中に「ストップ！過労死」と稚拙な毛筆で中野が書いた横断幕、会の次第、司会を務める等、冷や汗をかいたことを思い出します。参加者集めにも苦労しました。翌年から過労死防止実行委員会によって開催されたのですが、全一〇回の院内集会を経て、念願の防止法制定に漕ぎ着けたわけです（詳細は巻末の「過労死防止活動のあゆみ」をご覧ください）。参加者は毎回二〇〇〜二七〇余名でした。皆さんの熱意の賜物です。

① 全国過労死を考える家族の会ニュース第五一号（二〇一〇年一〇月二〇日発行）

ストップ　過労死！――大きな一歩を踏み出した「院内集会」

事務局　中野淑子

それは、予想をはるかに超える盛会でした。感激覚めやらぬままにこの報告原稿を書いています。会場に溢れんばかりの一七〇余名の参加者があったこと、私たち遺族の悲痛な想いをかつてない多くの方々に直接訴えられたこと、そして、過労死根絶への基本法制定に向けて大きく動き始めようとしたことがこの上ない喜びとなっています。

一〇月一三日二時開会、会場である衆議院第二議員会館第一会議室は、座れずに立っている多数の方々で超満員でした。まず、主催者である家族の会寺西代表の挨拶から始まり、川人弁護士、中根厚生労働委員会筆頭理事・長尾議員の挨拶。次第に国会議員が真ん中の列の席に着き始め、江田五月議員以下三三名の簡単な挨拶を受けました。みな、過労死問題に関心を持ち、努力してゆきたい旨のお話をされました。次に松丸弁護士、上畑医師の発言に入り、安全配慮義務がないがしろにされている職場の実態から「過労死等防止基本法」の必要性・労災認定要件でももっと具体的基準を示すべきと説かれました。続いて遺族の訴えにはいり、原稿を書かれた一〇名が全員発言できたことは嬉しい限りです。遺族の涙ながらの訴えに、皆目を潤ませながら聴き入り、静かな熱気が会場を包んでいました。

交流の時間帯では、フロアーから遺族の他に、支援団体・岩城弁護士の発言もあり、益々内容が深まっていきましたが、次第に議員が退席を始めました。〝最後まで居てくだされぱいいのに〟と残念な思いで一杯でした。最後に玉木弁護士のまとめ、長尾議員の挨拶があり「国会議員がこれほど多数集まった（三三名）ことはない。きちんと過労死問題に取り組んでくれるか、監視をしてください。議員バッチは皆さんのためにある」と、過労死問題に取り組む決意を強く表明してくれました。四時一五分予定通り閉会。

思えば、昨年の一一月一九日長尾議員に挨拶に伺ったことから話が現実化し、何回かお会いしているうちに「院内集会」が提案され、どんどん具体化が進み今回に繋がっ

二〇一〇年一〇月　第一回院内集会　手作りの横断幕：衆議院第二議員会館第一会議室

二〇一〇年一〇月　第一回院内集会　衆議院第二議員会館第一会議室
熱心に聞き入る参加者

たわけです。それからチラシの作成、議員事務所や各団体への参加要請訪問、メール案内、長尾議員事務所との連絡調整、細かな段取りなど、丁度一年がかりで実現しました。

川人弁護士をはじめ五人の先生方から過酷な労働現場の実態が話され、それ故に大切な人を失った遺族からの辛い体験が生の声で話され、参加者に立法の必要性が痛感されたと思います。

過労死問題に国会議員が取り組んでくれるようになったことは、会員の念願でもあり大きな前進といえるでしょう。これを機に、二度、三度と院内集会を重ね「ストップ過労死！　過労死等防止基本法の制定」実現に向けて、皆で粘り強く頑張っていきましょう。

最後に、いま手元にあるアンケートの一部を要約して紹介します。

1．政権党議員が多数出席されて、過労死防止に希望がもてた。遅きに失した感があるが。

2．今後も超党派で運動に取り組んで欲しい。議員がゆっくり話を聞ける日程で、またやりたい。

3．息子の過労死〈自死〉を無駄にしないために、立法への第一歩が始まったと喜んでいます。

4．内容のある二時間、ご遺族の訴えが心に響いたし、勇気ある取り組みに胸を打たれた。

5．今回の院内集会を無駄にせず、民主党にしっかり動いてもらいたい。

事務局　中野淑子

② 全国過労死を考える家族の会ニュース五三号（二〇一一年四月一五日発行）

「過労死防止法　準備会」を立ち上げました

昨年の院内集会とその後の長尾衆議院議員との話し合いを受けて、早速二〇一一年一月二二日、京都職対連事務所において全国世話人会終了後、弁護士の松丸、岩城、玉木の三先生にご足労を願い、京都ＰＯＳＳＥ（労働相談を中心に若者の労働問題に取り組むＮＰＯ法人）の佐藤学さんを交えて、事務局を中心に準備会の打ち合わせをしました。

まず岩城先生の問題提起〝国民会議的な幅広い組織にして、署名が一〇〇万筆集まれば世論が変わる〟ということから議論が進み、松丸・玉木先生からは、〝現在の働き方を見直していくような取り組みにし、共鳴してくれる人が目に見える運動を展開する必要がある。簡単にできる法案ではないから、著名な賛同者を得て国民的な大運動にしていこう〟という方向を示されました。

具体的な方法として、五つのルート（弁護士・労働組合・市民団体・文化人・国会議員）に働きかけをしようということになりました。そして、さらに話を進めて、誰がどのルートの誰に働きかけるか、アポイントをどのようにとるか、まで話し合い、賛同していただきたい方々を列挙してみました。その際、資料として、録音反訳院内集会報告集と過労死等防止基本法案を申し入れ書に添えてお願いに行くことになりました。いずれ、実行委員会形式で各分野の方に入っていただき、結成をする予定です。

今、事務局、頭を寄せ集めて院内集会報告集を作成中です。完成したらそれを持って賛同者を募りに歩く予定です。その時は皆さんにも是非ご協力をお願いしたいと思います。

③ 全国過労死を考える家族の会ニュース第五八号（二〇一三年一月一〇日発行）

第五回　院内集会が開かれました

事務局　中野淑子

晩秋のやや肌寒い一一月二〇日、衆議院第一議員会館大会議室において、第五回院内集会を開催しました。集会名は『「過労死防止基本法」の制定を実現する集い』です。〝制定を願う〟から一歩進めて〝どうしても制定させるのだ〟という強い意志を込めて「制定を実現する」としました。計画の段階で、一一月二〇日あたりはまだ解散しないだろうと踏んでいたのですが、結果的に解散四日後の開催となってしまいました。したがって、議員本人は五名、秘書六名と出席が少なかったのは残念でしたが、慌ただしい時期の開催にしては弁護士二二名を加えて合計二〇二名という多数にのぼり大変盛会でした。

内容としては、今回はちょっと趣向を変えて、オープニングに深田志穂さん（フォト・ジャーナリスト）制作の、過労死遺族を取材した映像のスライドあり、記念公演として『エンマの怒り』と題する落語（桂福車さん）ありで、会場は泣き笑いの雰囲気に包まれました。中央に緋毛氈の高座が設えられ、その右横に暉峻淑子氏（埼玉大名誉教授）記念講演のテーブル、左横には署名三四万五六八二筆がうず高く積まれ、テーブルがその重みをやっと支えているようでした。側面の壁際には大きくて素晴らしいパネルの遺族の写真（深田さん作）が飾られ、生前の父親を囲んだ幸せな家族の写真や過労死した夫の遺品の前で涙ぐんでいる妻の写真などに、じっと見入っている姿　がありました。

暉峻淑子氏の「〝社会人〟を育める社会に～基本法の制定に期待する」と題する記念講演は大変説得力のあるもので、過労死するまで働かされる一方で、失業者が大勢いる歪んだ日本社会の矛盾、過労死を止められないことは政治行政の責任能力の欠如を示すものだと、基本法制定の必要性を説かれました。賛同者連帯の挨拶ではPOSSEの方をはじめ若い方々の挨拶が力強く話されました。最後の遺族の訴えでまたまた涙、涙。この苦しみを繰り返させてはならない。

署名数　三六万六五〇二筆（一二月二一日現在）

事務局　中野淑子

④　全国過労死を考える家族の会ニュース第五九号（二〇一三年四月一五日号）

第六回「過労死防止基本法」の制定を実現する集い

ひな祭りが過ぎ陽光明るい三月七日、院内集会も回を重ねて第六回を盛会のうちに終了しました。その概略をご報告いたします。

参加者合計二七四名、内訳は国会議員関係五一名（本人一九名・秘書等三二名）、地方議員二

名、報道関係二四名、弁護士一八名、個人団体など九六名、若者団体三四名（青年ユニオン、POSSE、えだまめの会）、家族の会四九名で、三〇〇人定員の大会議室はぎっしり埋まっていました。今まで協力してくださっていた議員さんが、昨年の総選挙で減ってしまったので実行委員会としては議員の参加呼びかけに力を入れました。院内集会のチラシを、全議員のポストに入れたり、前日、当日の午前中まで議員事務所に御案内に行ったりしたのが実を結んだのか、過去二番目に多い議員の数でした。しかも今回は、ほとんどの党派から万遍なく議員の参加がありました。さらに、挨拶された議員は、地方議員（千葉県、中央区）も含めて二〇名、みんな過労死防止法の必要性を熱っぽく話されました。〝皆さんが実際に動いてくださったら、少し展望が開けるのだけれど〟と。今集会の特徴としては、記念講演に企業側から、元トリンプ・インターナショナル・ジャパン社長の吉越浩一郎氏をお招きしたことと、新しい議員に聴いてもらうべく、遺族の訴える人数を七名に絞り、一人当たり長めに話していただいたことです。

会の次第としては、先ず実行委員長の森岡先生からの挨拶で、過労死防止に対する声が次第に高まってきているので、新しい議員の中にも声を届け、新たな広がりを生み出していこうと話され、続いて川人弁護士からの、「なぜ過労死防止基本法が必要か」という基調報告では、パワーポイントを使って過労死の状況を話され、過労死防止基本法は、現在の法律にいわば〝魂〟を入れるような役割を持つと説かれました。吉越氏の記念講演では、「ワークライフバランス」が大切であり、仕事は人生のほんの一部である、重要なのは、心身ともに健康であること、そのために「残業ゼロ」を目指し、効率よく仕事を進め、利益も上げてきた。日本の企業もやる気になればできる。と話されました。

遺族からは、遺児の立場からの思い、最高裁でも認められなかった無念、最愛の息子を過労死させた悔恨、過労死家族遺児会の紹介など防止法制定への期待を込めて、切々と訴えられましたが、多忙で他の会議が詰まっている議員さんたちに、ずっと席に留まって聞いて頂けないのが残念でした。

最後に東大えだまめの会代表青柳さんの、学生の立場から力を尽くしたい。という挨拶に勇気づけられました。四時半、寺西代表の挨拶で閉会しました。

事務局　中野淑子

⑤　全国過労死を考える家族の会ニュース第六四号（二〇一五年一月一五日発行）

『過労死等防止対策推進シンポジウム』闘催について——過労死等防止対策シンポジウムを第一歩として

平成二六年一一月一四日午後一時三〇分～三時三〇分、過労死等防止対策推進シンポジウムが開催されました。これは、厚生労働省が主催で〝過労死が起こらない社会になるよう、この機会に考えてみませんか〟という趣旨のもとに、防止法の中に認われている過労死防止啓発月間の一環として開かれたものです。したがって、こちら側の過労死防止対策推進全国センター、全国過労死を考える家族の会、過労死弁護団全国連絡会議は協力団体ということで行われました。会場の四〇〇席の講堂は満席、過労死家族の会や過労死弁護団の関係者約一五〇名、その他厚労省に事前に申し込んだ一般の方が二五〇名で、皆さん非常に熱心に耳を傾けてくださり、これまでの院内集会とはまた違った空気が流れていました。

先ず、主催者挨拶として塩崎恭久厚生労働大臣が、過労死防止法の意義と成立までの経過を話され、来賓挨拶では、馳浩超党派議員連盟の代表世話人が他の議連世話人の紹介をしながら、この法律制定にかけた思いや決意を話されました。基調講演として川人博弁護士は、過労死の歴史を明治時代の女工哀史にまで遡って話され、現代でも歌やテレビのコマーシャルに、雨でも風の日でも薬を飲んででも働くことを良しとするような風潮に過労死を産む温床があると、映像を使って熱く説かれました。

最後に家族の会から京都の寺西さんはじめ、大阪、愛知、兵庫、静岡の各地から一名ずつ、東京から二名、そして公務災害に関連する中野の計八名が辛い体験を切々と話し、一生懸命まじめに働いた結果が過労死・過労自死する理不尽を告発し、過労死防止の必要性を訴えました。眼に涙をにじませて聞き入ってくださる参加者も多くいらっしゃいました。

この画期的なシンポジウムを機に、一人でも多くの方々に過労死防止に関心を寄せていただけたら幸いである旨、中野が結びの挨拶をして閉会になりました。

6 国連・社会権規約審査傍聴 人権ツアーに参加して

① ジュネーブへ行った経緯

日本の働く社会を大きく変えるために——国連へ「過労死防止基本法」制定を訴えました

全国過労死を考える家族の会 代表 寺西笑子

1．はじめに

社会権規約は、世界人権宣言に基づいて労働などの社会権を保障する条約で日本は一九七九年に批准しました。その中で社会権規約七条においては、公正かつ良好な労働条件を享受する権利。安全かつ健康的な作業条件。休息、余暇、労働時間の合理的制限、有給休暇、公の休日についての報酬の支払。などが謳われており、過労死問題と密接な条約になっています。

日本政府は締約国の義務として国連へ進捗状況の報告が課されており、今年は一二年ぶりに第三回日本政府審査が行なわれるという情報に接しました。

昨年三月に「日本国における過労死・過労自死（自殺）の現実は社会権規約七条（b）（d）の違反である」として、過労死を根絶するためのカウンターレポートが出されました。それに対する日本政府の報告書は、国内法で整備されていると主張しました。しかし一二年の経過をみれば過労死は増え続け、むしろ悪化した側面もあり、日本の過労死・過労自死の現実は、社会権規約七条に反する象徴的な実態といわざるを得ません。日本の労働者の異常な働き方を過労死の遺族として、かねて国連へ訴えたい思いを抱いていました。

2．制定運動に立ち上がりました

二〇一〇年一〇月、私たちは過労死をなくしたい思いから「過労死防止基本法」制定運動に立ち上がり、二〇一一年一一月に「実行委員会」が結成されました。

以来、これまでに多くの賛同者を得られ、連携する皆さまの奮闘で世論喚起一〇〇万人署名は四〇万筆を超え、自治体決議採択も増え続け、賛同する超党派議員も着実に広がっていることで、制定への機運が高まってきました。

そうしたところ一二年ぶりの社会権規約第三回日本政府報告審査が、四月三〇日ジュネーブで行われる情報に接し、国連へ訴えに行くことを決意しました。

審査の前日に規約委員らと、非公式と公式ミーティングが行われることで、事前に三分と、一分半の英文スピーチを準備しました。内容は被災者の労働実態と遺族の実情、ほとんど救済されない実態、これ以上過労死を繰り返さないために「過労死防止基本法」制定活動に取り組み、国内で頑張っている様子と現在の到達点、制定に向け力を貸してもらいたい旨を盛り込んだものです。

過労死の生き証人として国連へ遺族の思いを届けたい、そして国際組織から日本政府へ過労死防止に向けた勧告を出してもらいたいとの決意を抱き、過労死を考える家族の会有志（弁護士・支援者含む）一〇名は出国しました。

3．渾身の力を込めて

審査に先立つ規約委員とのミーティングの英文スピーチは、渡航先で各団体が行なうことを知り、急遽、家族会の榊原清子さんと中原のり子さんの猛特訓が始まりました。何処へ行くにも英文ペーパーを持ち歩いて片時も離さず読み込む姿は、まるで二宮金次郎のようでした。その努力が実り、榊原さんはNGOとミーティング三分スピーチで素晴らしい遺族の訴えをしてくれました。また中原さんは、規約委員の公式ミーティング一分半スピーチで、「過労死防止基本法」制定の取り組みを渾身の力を込めて訴えてくれました。短時間ながらも遺族が念願の国連の場に立てた感銘と同時に悔し涙をのんだ仲間が脳裏に浮かび、万感胸に迫るものがありました。

4. 日本政府審査・過労死ラインを減少へ

第三回日本政府の審査報告で、各国の審査委員から質問がなされ、これに対し日本の各省庁の若い官僚から回答がありました。私たちは会場の同時通訳で傍聴しました。その中で過労死について厚労省の回答は、過労死ラインと言われている週六〇時間の長時間労働者九％（現行）を二〇二〇年に五％にすることを重点目標と明言したのは一歩前進と評価します。他に労基法違反の取締り強化、休憩時間の見直し、職場のメンタルヘルス、いじめ・パワハラの是正などの報告もありました。しかし、これらでは未だに不十分であるからこそ過労死・過労自死は増え続けているのであり、そのような日本の異常な労働環境を一日も早く改善させるために、過重労働をなくす総合対策「過労死防止基本法」制定が必要だと、改めて強く感じました。

5. 過労死を懸念し、日本政府へ勧告が出される

五月一七日に規約審査は閉会しました。終了と同時に勧告が出されることで速報を待ちました。二二日、現地の須田洋平弁護士から社会権規約委員会より日本政府報告に対する総括所見が出された速報が届きました。

国連・社会権規約委員会は過労死の実態を懸念したうえ、防止対策の強化を求める異

例の勧告を出しました。長時間労働や過労死を懸念し防止対策の立法化を勧告したことは、私たちの訴えを理解し、まさに「過労死防止基本法」制定を示したものといえます。

6．今後の課題

勧告は法的拘束力をもたないことで、今後求められるのは、①勧告を日本社会へ広く知らせて運動に役立てること。②日本政府に対し実施に努めるよう働きかけること。が重要と考えます。このたびの経験を国内運動に活かし、「過労死防止基本法」制定に向けて一層奮闘する所存です。

7．最後に

お世話になった、日弁連、NGO国際人権活動日本委員会、日本年金者組合の皆様、カウンターレポートを提出された色部裕様、そして暖かいご芳志にご協力いただいた皆様へ、心から感謝申し上げます。本当にありがとうございました。

② NGOと規約委員との非公式ミーティングでの訴え（三分スピーチ、和文）

「過労死防止基本法」制定にお力をお貸しください！

私は、全国過労死を考える家族の会代表世話人の寺西笑子と申します。

一九九六年二月、和食レストラン店長として働いていた夫は、飛び降り自殺をし、四九歳で亡くなりました。

夫をみて、斃れないかと心配していた矢先の出来事でした。社長は、冷たくなった夫へ土下座をして謝りましたが、数日経てば手のひらを返す態度になりました。

二〇年以上、献身的に尽くしてきた夫を使い捨てにした会社を許せず、違法労働を告発する思いで労災申請をしました。幸い協力者が現れ、事実は認められ、労災認定されましたが、会社は責任逃れをしたため提訴しました。

夫は、仕事ができる優秀な人でした。会社から信頼され筆頭店を任せられていましたが、達成困難なノルマを課されたために長時間労働を強いられ、年間総労働時間数は四〇〇〇時間を超えていました。さらに連日、パワーハラスメントを受け、夫はうつ病を発症し自殺を図ったことが裁判で明らかになりました。最後に会社は謝罪しましたが、問題解決に一〇年以上かかりました。

わたしは、経験者として相談に応じていますが、全国で同じ思いをしている遺族が増えています。しかし、労災申請や裁判に立ちあがっているのはその中のわずかです。使用者が正しく時間管理していないことや、職場の協力がなければ、事実を証明するすべはなく、遺族の証言はほとんど採用されないことで、不当判決で終わる遺族が多くいます。

このように、労災申請しても認められないケースが多いことや、たとえ認められたとしても、亡くなった人は二度と生き返ってこないことで、闘うことを諦め、泣き寝入りする人が多いのです。

今や、過労死・過労自死は若年層に広がり、これからの日本社会を背負っていく若者が過酷な労働に追いやられ被災しています。父親のいない生活になった、幼い子供らに成長障害などの二次被害が及んでいます。

とりわけ許せないのは、過労死を出した企業が、反省や職場改善をすることなく、相変わらず労働者の使い捨て状態が継続され、過労死を繰り返している企業があることです。

もうこれ以上、過労死を出さないために私たちは立ち上がりました。

日本の異常な働く社会を変えて行くために、今「過労死防止基本法」制定に向けて多くの人と手を結んで取り組んでいます。

ぜひ、日本国政府を動かすために、お力をお貸しください。

③　NGOと規約委員との公式ミーティングでの訴え（一分半スピーチ）

〈英文〉

Please help realize the establishment of a "Basic Law for Karoshi Prevention".

I am Emiko Teranishi, I am Noriko Nakahara. We are representative of the Association for the Bereaved Families of Karoshi in Japan.

"Karoshi" means death from overwork and work-induced suicides continue to spread.

Now Japanese companies subject workers to unlimited labor demands so many of them are at risk of karoshi.

But, it is not easy for workers themselves to demand those companies improve working conditions.

In addition, amid fierce competition, it is difficult for individual firms to make such improvements.

Thus, it is necessary for the state to carry out comprehensive countermeasures in the form of a "Basic Law for Karoshi Preventio n".

Now we are doing our best. So, please contribute your support to help realize the establishment of a "Basic Law for Karoshi Prevention".

No! more "karoshi".

〈和文〉

「過労死防止基本法」制定にお力をお貸しください！

私たちは、全国過労死を考える家族の会代表世話人の寺西笑子と中原のり子です。

「ｋａｒｏｓｈｉ」が意味する、過労死・過労自死は、今なお広がっています。

今の日本は、会社のために無制限に働くことが求められ、いつ過労死しても不思議でない人が大勢います。

しかしながら、労働者が自ら会社に労働条件の改善を求めるのは容易ではありません。また、厳しい競争の中で会社が自社だけ改善するのも困難です。

そこで、国が「過労死防止基本法」を定め、総合的な対策を行っていく必要があります。

私たちは、国内で精一杯頑張っています。

「過労死防止基本法」制定の実現に是非！お力をお貸しください。

ノー！　モア『過労死』

④　報告集に掲載した中野原稿

国連・社会権規約審査傍聴　人権ツアーに参加して

国連・ＩＬＯ・ＮＧＯ・人権条約・子どもの権利条約など等、なんとなくその活動について、輪郭を知ってはいましたが、今回このツアーに参加して、国連やＮＧＯの働きの偉大さ、世界的な力、人間の生存を確かなものにするための基本的な機構・条約とそれを支える人々のゆるぎない姿勢を肌で実感し、感動しました。

しかし、さらにそれを支えてくださる国際人権活動日本委員会の存在を知ると同時に、日弁連やレポートを提出してくださった、働くもののいのちと健康を守る全国センターの方々の実績の積み上げのうえに今回があったことも知りました。深く感謝申し上げます。

社会権規約とは、経済的・社会的及び文化的権利に関する国際規約を指すものだということが分かりましたが、人権問題に関しては個人通報制度があるにもかかわらず、日本政府は認めていないとのこと。ＩＬＯ一五五号条約の未批准と考え合わせると日本政府が、いかに個人の尊厳無視、人命軽視の姿勢であるかが分かります。

地下に埋められた地雷によって片足を失った子どもを象徴する三本足の椅子（国連欧州本部）

三〇日、日本審査の傍聴は幸いにも全員入場できて、同時通訳で聴くことができましたので、日本政府のお役人的・マニュアル化された事実に反する回答に対して非常に怒りを覚えましたが、そんな態度に対しても、最後の審査委員のまとめの言葉が印象的でした。「代表の皆様、お疲れ様でした。専門的な問答が得られ、理解は深められた。いろいろ学ぶことが多かった。今後厳しいことがあるだろうけれど頑張ってほしい。最後の乾杯ではなく、継続的にポジティブにとらえて欲しい。報告→フォローアップ→レポート、情報を送り続けて欲しい。……」というような内容でした。審査の段階では厳しい質問で詰めていましたが、最後のまとめでは非常に丁寧に、人格を尊重した物言いに、さすが人権委員会！と爽やかな気持ちで部屋を出ました。また一つ、目を開かれた旅でした。

ＩＬＯを訪れて

四月二九日、大村弁護士の計らいでＩＬＯ職員のお二人と面談することができました。一人は男性で、「労働時間の与える影響」を研究していらっしゃるJonさん、もう一人は「賃金と労働時間」をご担当で、女性のMartineさん。

まず、寺西代表が日本の長時間労働の実態と過労死防止基本法の制定を望むこと、日本のＩＬＯ条約批准状況などについて挨拶をした後、話し合いに移りました。以下、質問も含めてお二人の話されたことの概略を記します。

条約については多くの国があまり批准していない。が批准する義務はない。日本が批准しないのは国内法が整って後、実務との関係（影響）を見てから判断するというが、未だに一五五号条約は批准していない。これは労働時間を規定し、過重労働を監視する労働安全衛生法に関するもので、一日八時間、週四〇時間を超えた労働はマイナス効果しかなく、長時間労働と死亡の因果関係もはっきりしている。

しかし一八七号条約は批准している。これは一五五号条約よりあいまいで「……何らかの措置をとらなければならない」という表現のもの。ここから切り込んでいったらどうか?なお、家庭の責任と労働の関係についての一五六号条約は批准している。世界語になっているKaroshiについてはよく認識しており他国にも伝えている、残業制限せよと。西垣さんの息子さんの話を聞き、皆さんに特別の援助はできないが、同じ悲しみの気持ちで同席している、とジョンさんは弔意を表し、嘆息し、声を震わせていらっしゃいました。

労働時間は、健康・安全・家庭生活・労働生産性・少子化等多方面に影響を及ぼすし、過労死で労働者を失ったことによるコスト高、生産性への悪影響を経営者はもっと認識しなければならない。日本の重労働はクレイジーで、賢くない。フランスは週三五時間でも生産性は高い。何のための長時間労働なのか? 短時間で労働者の健康は保たれるし、より高い生産性も得られる。現在の条約は、やや古い部分もあるので批准せよと強制はできないが、労働時間の部分は非常に重要である。

「過労死防止基本法」制定において政府への働きかけは、労働組合と共に活動すること(政・

労・使・の三者構成）、国連への請願と世論を喚起すること、マスコミ対応を考えること、そうすればドアーは開かれるでしょう。

以上、三〇分の予定が四時五〇分から約一時間、非常に熱意を込めて労働時間の大切さを話してくださいました。大村弁護士の通訳が困らないかと、隣席のマーティンさんが、時々ジョンさんに声をかけたりする場面もありました。お二人とも心の温かい、情の細やかなお人柄がひしひしと伝わってきました。この会見を今後の活動にどう活かしていくかが検討課題です。

ちなみに、写真撮影はお断りでした。

ブロン財団「老人医学センター」を訪れて

パリ郊外、バスを降りると、緑豊かな広々とした芝生と木々が美しいたたずまいの中に建つ、ゆったりとしたスペースの高齢者施設が私たちを迎えてくれました。それもそのはず、その広大な敷地は城跡なのです。一九九〇年サナトリウムから現在の施設に変わったとのこと。食堂に集まって来られた一〇数名の方々と、交流をしました。

集まってくださった方は、男女半々ぐらいで六四歳から九〇歳。元のお仕事はシスター・司法・医療介護・保険会社・技術者などなど様々でした。私たちも年齢や職業・出身地を述べ合い、通訳の方の司会で和やかな雰囲気に包まれました。

いろいろ施設の説明をうかがった後、お礼に「故郷」を全員合唱すると、銀髪の女性が、フランスのふるさとの歌を美しい声で歌ってくださり、散会となりました。その後施設や例の女性のお部屋を拝見し、医学センターを後にしました。以下、施設の概略です。

現在入っている方は三二四名、平均年齢八〇歳、そのうち要介護度の高い方が二四名、自立している方が一〇名、従業員三四〇名、三名の専属医師が常駐勤務している。皆さんのサークル活動は映画鑑賞・ビンゴ・コーラス・料理・手芸など、五〇人のボランティアさんが多彩な活動を支えている。入居料は一日七三ユーロ、県からの補助は介護度により異なるが、年金で賄えない場合は、県の補助がある。待機者は現在四か月待ち、以前は二年待機だったが訪問看護や私立の施設が充実してきているので早くなった。が、アルツハイマーの病棟は一年待ちである。この施設を選んだ理由は、庭が気に入っている・医療施設が整っている・環境が良い・山羊や羊・小鳥などの動物がいる・家族が近くにいる・何をするにも自由だし、買い物にも行けるから等を挙げている。

国家予算、約一〇〇〇ビリオンユーロに対して、社会保障予算が八〇〇ビリオンユーロで国家予算とは別に編成されているが、毎年一〇ビリオンユーロの赤字を出している。無年金の場合、最低老齢年金が補助される。

7 〝過労死防止法〟ついに成立！

二〇一四年六月二〇日、切望していた過労死防止法は「過労死等防止対策推進法」（以下「防止法」と呼ぶ）として参議院本会議において全会一致で可決、ついに成立しました。

私たちの念願の法律、苦闘の末に勝ちとった法律、私にとっては二六年間の活動の集大成ともいえるもので、最も忘れがたい感動の日となりました。成立の瞬間、それまで固唾をのんで見守っていた遺族の席から嗚咽を抑えたどよめきが起こり、溢れる涙を拭うこともできず、遺影を胸に抱きしめていました。控室に戻ってからは肩を抱き合い声を震わせ、涙でぐしょぐしょになりながら喜び合いました。山井和則衆議院議員がすぐに駆けつけて、我がことのように喜んでくださった涙にぬれたお顔が忘れられません。山井議員には、集中活動の時、事務所の一室を署名の集約やポスティング等の作業に使わせていただき、大変お世話になりました。心から御礼申し上げます。

振り返れば、「防止法」の制定を求める機運が高まり過労死弁護団および労働弁護団の総会での決議からこの歩みが始まり、制定までの約六年間は文字通り苦闘の年月でした。署名集めから始まって、国会議員訪問、地方議会陳情、賛同者集めの団体訪問などなど、みんな必死でした。私たちの力で一本の法律を制定させるにはこんなにも多くの難関を乗

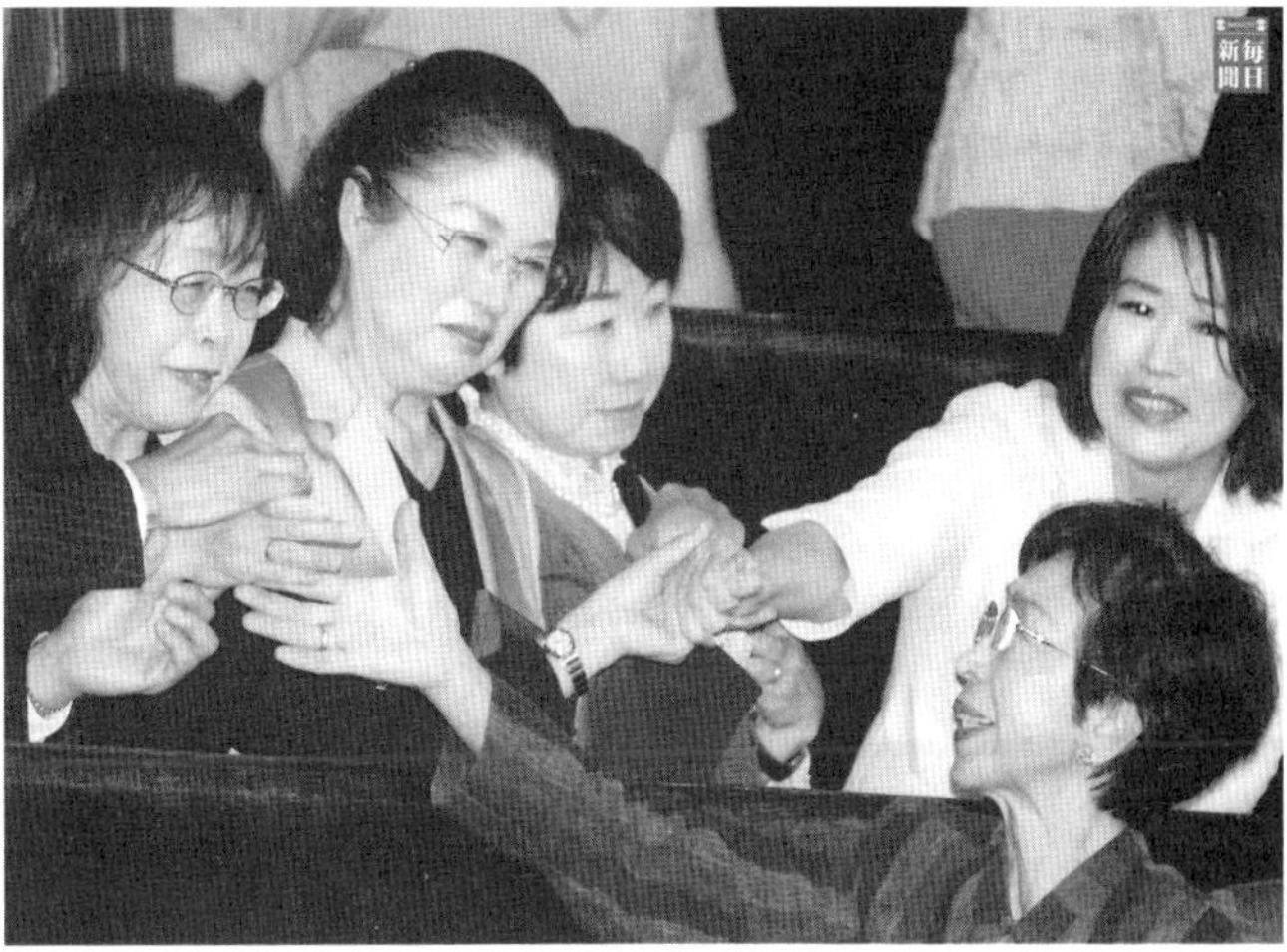

上—二〇一四年五月二五日　過労死等防止対策推進法」可決　衆議院厚労委員会
下—二〇一四年六月二〇日　「過労死等防止対策推進法」成立の瞬間　参議院本会議直後

り越えなければならないのかと二六年間を振り返り万感胸に迫るものがあります。

法律制定にあたって、ご尽力いただきました過労死弁護団・労働弁護団・超党派の議員連盟の皆様、また関係労働団体その他多くの皆様にご協力いただきましたこと、深く深く感謝申し上げます。

「過労死等防止基本法の成立を目指す超党派議員連盟」は、成立後も引き続き「過労死等防止について考える議員連盟」として存続し、シンポジウムには毎年、代表世話人の馳浩衆議員議員と事務局長の泉健太衆議院議員が挨拶に来てくださいます。

家族や社会の幸せを願って懸命に働く者の「いのち」が、最も理不尽な「過労死」なんぞによって奪われることがないように、「過労死等防止対策推進法」という法律でしっかりと守られていくことを、切に願います。「過労死ゼロの社会」が一日も早く来ますように!

8　東京新聞記事「命守る労働環境を」

記者さんから自宅で取材を受け、教員の忙しさや勤務感情など訴えました。二〇一四年一一月一日、「過労死等防止対策推進法」の施行日に合わせて掲載してくださいました。私の履歴書の嬉しい一ページです。

「命守る労働環境を」

中学教諭遺族、改善に奮闘

「過労死」26年　対策法きょう施行

過労死の防止を国の責務と明記し、実態調査や対策のための財源を措置すると定めた過労死等防止対策推進法が一日、施行された。一九八八年に中学教諭の夫宏之さん＝当時（五二）＝をくも膜下出血で亡くした神奈川県藤沢市の中野淑子さん（七〇）は、労使の代表らが対策の骨子を話し合う国の協議会に、遺族として加わる予定だ。「働く人の命を大切にする労働環境をつくるため、立場を超えて協力していきたい」と話している。（皆川剛）

今年五月、立法の必要性を話し合う国会の委員会に、中野さんの姿があった。同僚を気遣い、膨大な仕事を引き受けて亡くなった宏之さんの遺影を手帳に忍ばせ、議論を見守った。

宏之さんは、千葉県船橋市の中学校で勤務中に倒れた。進路指導に加え、校務主任として校舎の修繕など十六の業務を一人で担当。「クラスを担任する先生はなるべく生徒に関わるべきだ。事務作業は僕がやる」と話し、毎日大量の資料を家に持ち帰った。亡くなる前一カ月間の労働時間は二百九十八時間に上った。

労災申請の過程で、校長は「命令していない。中野先生が勝手にやった」と釈明した。倒れる直前、「頭が割れるように痛い」と更衣室に向かう宏之さんの姿を同僚が見ていた。中野さんは「職場の誰にも余裕がなく、『休んだら』と気遣うよりも仕事をこなすことで精いっぱいだった」と感じている。

過労死という言葉が知られるようになって二十六年。官民挙げての対策が本格化するが、働き方の実態は変わっていない。

経済協力開発機構（OECD）が六月に公表した調査では、日本の教員は週に平均五十四時間働き、三十三カ国・地域の平均の三十八時間を大幅に上回った。課外活動や事務作業の負担が特に多い。

過労死問題が社会に広がるのと同じ年月、遺族の支援や行政への陳情を続けてきた中野さん。「大切な子どもたちと向き合うため、まず教員自身が自分を大切にしてほしい」と話し、一人でも多くの人に関心を持ってほしいと願っている。

「過労死等防止対策推進法」の概要

理念　過労死や過労自殺を防ぐことを国の責務とし、地方公共団体や事業主と協力する

対策の柱

- ►過労死の実態把握のための調査研究
- ►過労死防止のための啓発
- ►相談体制の整備
- ►民間団体の活動を支援

「家族で豊かに暮らせる労働環境づくりを求めていきたい」と話す中野さん＝神奈川県藤沢市で

過労死と過労自殺　過労死等防止対策推進法は「業務の過重な負荷が原因の脳・心臓疾患による死亡、業務の強い心理的負荷が原因の精神障害による自殺」と定義。26年前の1988年、弁護士らが全国で電話相談を始め、米紙「シカゴ・トリビューン」が「日本人は仕事に生き、仕事に死ぬ」との見出しで報じ、社会問題として広く認識されるようになった。

データなく実態把握課題

「認定の10倍以上」指摘

過労死等防止対策推進法は、具体的な取り組みとして相談体制の整備など4点を定める。ただ、過労死や過労自殺に追い込まれた人数をまとめた正確なデータは国内に存在せず、まずは実態解明が焦点となる。

年間に何人が過労で亡くなっているのか。それをつかむ手がかりは、脳・心臓疾患で死亡し、精神障害で自ら命を絶った人の労災認定件数だ。しかし、厚生労働省が網羅的に実施する人口動態調査とは、大きな開きがある＝表。

協議会に参加する予定の森岡孝二・関西大名誉教授（企業社会論）は「企業や組織との和解や泣き寝入りなどで、労災申請に至らないケースが相当数ある。労災認定の背後に、少なくとも10倍の埋もれた過労死や過労自殺があるとみている」と話す。

公務員でも、労災認定数と統計の差が目立つ。例えば教員の過労自殺では、2012年の労災認定は1件だったのに対し、警察庁の同年の統計では48人が勤務問題を理由に自ら命を絶っている。

労災を扱う組織が三つに分かれ、予防を主眼に置いた統計が取られていないことが、実態把握を難しくしている。民間企業の従業員は厚生労働省が、国家公務員は人事院が、中野さんの例を含む地方公務員は地方公務員災害補償基金が労災事務を担当。公務員の死亡例では、死亡者の労働時間や業務の負荷量などは分からない。

森岡教授は「現状認識いかんによって、対策の流れも左右される」と指摘。データの一元的な収集と分析を提言する。法は、労働基準法の対象でない経営者や個人事業主も調査対象に含めることにしており、幅広い職業での働き方の全容を明らかにすることが重要となる。

働く人の死亡をめぐるデータの差（2010年度）

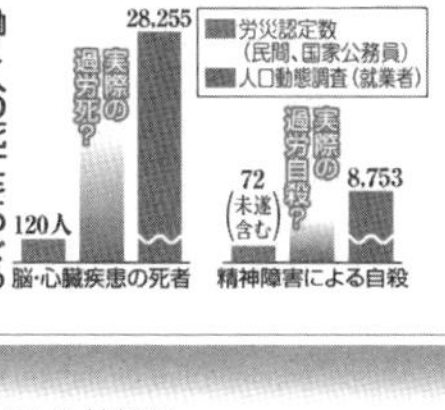

きょう過労死110番

過労死問題に取り組む弁護士や医師は一日、二十三都道府県で過労死・過労自殺一一〇番を実施する。通話料以外は無料で、東京は午前十時～午後三時、電話03（5800）9901。同じ日に厚労省も無料の電話相談を行う。午前九時～午後五時で、フリーダイヤル（0120）794713。

東京新聞2014年11月1日付朝刊

二　過労死等防止対策推進協議会委員として――公務災害担当として

二〇一四年六月「過労死等防止対策推進法」が制定され、その大綱策定にあたり「過労死等防止対策推進協議会」が設置されました。協議会委員は全員で二〇名ですが、当事者側の委員に選ばれたのは、森岡孝二関西大学名誉教授、川人博弁護士、岩城譲弁護士、寺西笑子過労死家族の会全国代表、中原のり子東京代表、西垣迪世兵庫代表、そして私、中野淑子の七名で、私は公務災害担当として発言することになりました。第一回、委員の自己紹介と「過労死をなくす」総論、第二回、公務員関係のヒアリングと資料提出、第三回、「大綱（骨子）」について、第四回、「大綱（素案）」について、第五回、「大綱（案）」について、それぞれ意見を交わした後に、六月一一日～七月一〇日までパブリックコメントを募集し、案がまとまり七月二四日閣議決定されました。

1　第一回協議会発言（二〇一四年一二月一七日）

全国過労死を考える家族の会　公務災害担当　中野淑子

全国過労死家族の会の公務災害を担当しております中野淑子でございます。

私がこの協議会に最も望みますことは、先ず国・地方両公務員に関係する省庁の方々をお呼びしていただきたいことと、二つ目は、実態調査の件で、厚労省からは、大変詳しい統計資料が出されていますので、これと同じようなものを是非公務員の側からも出していただきたいということです。

と申しますのは、公務員の過労死やうつによる過労自殺が年々増加し、遺族からの相談も多く寄せられているからです。

私の例を申しますと、夫は公立中学校の教員でしたが、一九八七年一二月二二日、学校では最も多忙な二学期末に校内でくも膜下出血を発症し、こん睡状態のまま翌年の一月一日未明過労の果てに命絶えました。享年五二歳でした。

最終的に公務上として認定されましたが、理由は、長時間に及ぶ家での持ち帰り残業と、公務分掌の多さでした。

英語の教科担当の他に校務主任や一六部門に及ぶ校務分掌を日常的にこなすかたわら、学期末ともなると担任は、成績処理や進路指導などで寝る暇もないほど忙殺されますので、事務的な資料作りの仕事等をパソコンで処理して担任を支えたわけです。

教員の仕事は無定量です。しかも家での仕事は、時間に制限がないゆえ、深夜から翌朝まで続くこともしばしばです。もちろん残業手当はつきません。しかし、生徒のために、真面目で熱心な教師ほど、勤務中には到底こなしきれないので、家に持ち帰ってせざるを得ない訳です。

生徒のために、教育のためにと情熱を傾けて励んだ代償が過労死なんて、こんな理不尽なことはありません。

この協議会が、名実ともに「過労死等防止対策推進法」として、機能する役目を果たせるよう、心から願っております。

2 第五回協議会に提出された「大綱(案)」について

協議会委員　川人博、岩城穣、森岡孝二、寺西笑子、中野淑子、中原のり子、西垣迪世

一　経過

二〇一四年六月二〇日、過労死等防止対策推進法（以下、「過労死防止法」ないし単に「法」という。）が成立し、同年一一月一日に施行された。厚生労働省には「過労死等防止対策推進室」が置かれ、法にもとづく最初の「過労死等防止啓発月間」の一一月を中心に、

全国各地で労働局と過労死防止に取り組む民間団体が連携して過労死啓発シンポジウムが開催された。

この法律の最大の意義は、過労死の防止を国および自治体の責務として定めたことにある。これによってはじめて過労死等の総合的な調査研究が国の責任で行われることになるとともに、啓発、相談体制の整備、民間団体の活動に対する支援等の過労死防止対策が実施されることになった。

また過労死等の防止対策に関する大綱を作成するために厚生労働省に「過労死等防止対策推進協議会」が設置された。協議会には、私たち七名を含め、過労死遺族、労働者代表、使用者代表、学識経験者の二〇名が参加している。これまで協議会は、二〇一四年一二月一七日(第一回)、二〇一五年二月二〇日(第二回)、四月六日(第三回)、四月二八日(第四回)、五月二五日(第五回)開催されたが、第一回協議会は委員の自己紹介と意見表明、第二回協議会は、国と地方の公務災害の状況が主な議題であった。第三回協議会では大綱の構成を箇条書きにした「大綱(案)骨子」が事務局から示されたにとどまり。第四回協議会にいたって、ようやく文章で肉付けされた検討に堪えうる「大綱(素案)」が示された。私たち七人は、この間、第三回協議会に向けて、三月中旬に私たちの見解(大綱試案)を事務局に送るとともに、毎回、協議会の議論をリードして、大綱の望ましい内容と改善すべき項目について、こもごも意見を開陳した。

二　評価できる内容

過労死防止法には「労働時間」、「長時間労働」、「賃金不払残業」等の語句はない。しかし、過労死防止の見地からは当然とはいえ、大綱案には随所にこれらの語句が取り入れられた。また大綱案は、労働安全衛生法、労働契約法等の規定に触れて、事業者（使用者）には安全健康確保義務を有していると述べている。これも法の規定にはなかったものである。近年では過労自殺が若い年齢層に多発していることが知られているが、大綱案は、若者の働き方の啓発に関連して、大学生・高校生に対する過重労働による健康障害防止を含めた労働関係法令に関する知識の重要性を強調している点でも注目される。

大綱案は啓発、相談体制の整備、民間団体の活動に対する支援等は、調査研究の成果を踏まえて行うとしながらも、過労死等の防止は喫緊の課題であり、調査研究の成果を待つことなく、長時間労働を削減し、労働者の健康管理にかかわる措置を徹底し、良好な職場環境を形成の上、労働者の心理的負荷を軽減していくことは急務であるとしている。

啓発シンポジウムの開催を含む過労死等防止対策の推進における民間団体への国および地方公共団体の支援が細かく述べられていることも大綱案の特徴である。

三　残された課題

私たちは、①週労働時間が六〇時間以上の労働者をゼロにすること、②月八〇時間以上の時間外労働を認める特別延長時間を定める三六協定をゼロにすること、③インターバル休息制度の導入についても数値目標をもって取り組むこと、④すべての事業場・労働者について労働時間を客観的方法により適正に把握させることなどを主張したが、結局、大綱の対策は現行の法制度を前提としているという理由で受け入れられなかった。しかし、これらは過労死等の防止の鍵を握るものであるため、今後の大綱の運用の中でできる限り実現していく必要がある。

過労死防止法は、施行後三年を目途として、施行状況等を勘案し、検討が加えられることになっている（附則二項）。私たちは調査研究等の結果を踏まえ、この大綱に規定されている対策について適宜見直すとともに、上記四点を含め、過労死等の防止のために必要な法制上又は財政上の措置が講じられることを期待する。

三　過労死等防止対策推進シンポジウムにおける発言

二〇一四年六月「過労死等防止対策推進法」が制定され、一一月から施行されました。そして一一月を過労死防止月間と定め、早くも一一月一四日に、厚労省の講堂において第一回シンポジウムが開催されたのです。以後、全国各地で一一〜一二月にかけて地域独自のプログラムで講演やら家族の会の体験談やらを織り込みながら取り組まれ、現在は四六都道府県で開催されています。国の予算で委託業者が、会場の確保・当日の運営・講師の交渉など、開催地と相談しながら進めてゆきます。

1　第一回　厚労省講堂における訴え

いのちの尊厳を！「過労死等防止対策推進法」に想いを寄せて（二〇一四年一一月一四日）

過労死を考える家族の会　中野淑子

私は、東京過労死を考える家族の会の中野淑子と申します。

私の夫は一九八八年一月一日未明、過労の果てにいのち尽きました。愛する三人の子供、年老いた母、妻を残して、退職後の夢も果たせず、二学期末の多忙な一二月二二日に学校内でクモ膜下出血を発症し、こん睡状態のまま息を引き取りました。享年五二歳でした。私も同僚も過労による死と確信し、涙のかわく暇もなく弁護士や同僚と相談し、地方公務員災害補償基金に認定申請をしました。

しかし、二年後に公務外という認定を受けました。主な理由は、〝家でやった仕事は、校長が命令したものでないから、校務ではない〟さらに、〝家でやる仕事は、リラックスしていたであろうからストレスはない筈だ〟ということです。これは、全国の教員の怒りに油を注ぐ結果となり、審査請求をして、六回の口頭陳述や現場検証の結果、五年弱でやっと認定されたわけです。この認定は、教員の、家への持ち帰り残業と過労死の因果関係を認めた第一号だと聞いております。夫の仕事振りがなぜ過労死に繋がったのか、理由は明白です。人間の生理の限界を超えた長時間労働とストレスです。

夫は、新しい学校に赴任して九か月で倒れたのですが、新任校は公務分掌が非常に多く、校務主任やら進路指導主任やら分掌表に一六か所も名前が入っていました。赴任した初日、帰宅した夫は公務分掌表を私に見せながら〝こんなに仕事が多くては、死んでしまうよ。仕方がない一年間は我慢するか〟と困惑した面持ちで話しましたが、それが一年も経たずに現実になろうとは……さまざまな想いが交錯します。

新任校での九か月は学校の総務的な管理担当で、専門の英語担当の他、校舎の保全、防災訓練の指導、給食費の管理、帰国子女の指導やら、教員が帰った後の戸締り確認などで退勤も遅くなり、肉体的・精神的なストレスが次第に溜まっていったようです。そして、一一月から一二月の二学期末、中学校では特に多忙な時期を迎えます。三年生の進路指導資料、学期末の成績処理など等、担任は寝る暇もないほど忙しかったので、事務的な仕事は担任に代わってパソコンで処理してあげました。〝教員は生徒に密着しなければ駄目だ〟が夫の持論だったからです。当時パソコンは学校に導入されておらず、自費で月賦で購入し、おぼつかない手つきで、データを打ちこんでいました。進路指導の査定会には、資料を整えるため、家に持ち帰って打ち込み、夜の開始時刻までに間に合わせる離れ業をやったり、夜中、バイクを飛ばして若い先生にパソコンの難しい操作方法を教わりに行ったり、土・日曜もパソコンを打ち続けていました。今でもその音がキーキー（当時のパソコンはそうでした）と耳について離れません。

発症する直前には、疲れはてて朝起き上がることができず、娘に手を引っ張られて、朝食もとらず出勤する有様、普段愚痴などこぼさない夫が「登校拒否の生徒の気持ちがわかるよ」と漏らし、ぐったり椅子に崩れるように座ることが多くなりました。〝あと二日頑張れば冬休みだ。自分を励ましながら行くか〃と言って家を出たまま、学校で勤務中に倒れ、家には帰れず「あの世」に逝ってしまったのです。

こんな不条理なことがあるでしょうか。生徒のため教育のためにと、愛と情熱を燃やして頑張った代償が過労死なんて理不尽すぎます。大黒柱を失った我が家は非常に不安定になり、最愛の息子に先立たれた年老いた母は気も狂わんばかりで毎日泣いていました。

私のような無念の思いをする遺族を出してはいけないという思いで、夫の死後過労死問題に携わって二六年、私は主に公務災害の方を担当してきましたが、関係省庁に要請に行ったり、署名活動や駅頭で訴えをしたり、『「日本は幸福か」――過労死残された五〇人の妻たちの手記』出版の際には、校正・編集のお手伝いをしたり等など、頑張ってきました。この度、多くの方々の願いとご援助とが実り、悲願の「過労死等防止対策推進法」が制定されました。二六年間いつも「ごまめの歯ぎしり」のような虚しい思いをしてきましたが、やっと、スタート地点に立った思いで、長い長い道のりを振り返り、ほんとうに感慨深いものがあります。

愛する家族を、尊いいのちを、過労死なんぞで失うことが無いように。いのちの尊さを教える教員が、在職死やメンタルヘルス不調に陥ることが無いように。日本国中の人々が生き生きと笑顔で働けるようにと、思いは募るばかりです。だからこそ、この法律を充実させて、「本当に過労死が無くなる」ために、具体性・実効性のあるよう、機能させていかねばなりません。

関係の皆様方に更なるご支援・ご尽力を賜りますようお願いするとともに、私も微力ながら頑張りたいと思っております。どうぞ今後ともよろしくお願い申し上げます。

2 神奈川過労死等を考える家族の会結成

二〇一七年五月二五日、横浜開港記念会館にて「神奈川過労死等を考える家族の会結成記念のつどい」を開催しました。代表に工藤祥子さん、私は会計を担当することにしました。二〇一四年ころから、過労死防止シンポジウムの打合せをしているときに、神奈川でも家族の会を創ろうという話が持ち上がり、若手の過労死弁護団・各民間支援団体のメンバー・工藤さんと中野とで何度も会議を重ねた末、全国で一四番目に誕生しました。

① 神奈川家族の会ニュース第一号原稿

「神奈川過労死等を考える家族の会」の結成にあたって

世話人　中野淑子

念願の、家族の会が全国で一四番目として神奈川県にも誕生しました。正式名称は「神奈川過労死等を考える家族の会」です。喧々諤々の議論の末、こだわってつけられた名称です。真面目に働く人々が「過労死」というような理不尽で、悲惨な状態に陥らないように、人間らしい働き方を皆で考え、知恵を出し合い、支え合っていこうと思います。

結成の集いが行われた五月二五日は、一〇〇余名の参加を得て、川人弁護士の講演や家族の会代表の挨拶や遺族の訴えなど感動的な内容で、大変盛会でした。

「神奈川過労死等を考える家族の会」結成総会：開港記念会館

ほぼ三〇年間、家族の会に関わり、過労死ゼロを訴え続けてきた者として、地元神奈川の皆さんと、過労死問題について親しくお話ができる場が出来たことは、大きな喜びです。感無量です。本来、このような会はあってはならないですが、現状では早くなくなるように、皆で交流し合っていくことが最良の方法だと考えます。

過労死防止法が施行されて約四年、働き方改革の機運が高まってきていますが、他方で防止法とは真逆の「働かせ方改悪」とも言える法案が国会に提出されようとしています。過労死がゼロの社会になるような、真の意味での「働き方改革」にすべく、皆さんと力を合わせてまいりたいと存じます。

② ニュース第二号原稿

「神奈川過労死等を考える家族の会」結成一周年を迎えて

世話人　中野淑子

念願の、「神奈川過労死等を考える家族の会」が産声を上げて、満一歳を迎えました。「過労死」という、理不尽で悲惨な状態に陥らないように、人間らしい働き方を求めて、皆で考え合い、支え合っていこうという当初の願いを実現すべく、他県の活動を参考にしながら、神奈川らしい活動を創り出そうと、手探りで、走り続けてきた感があります。

思えば、誕生一年にしてはかなり濃密な活動をしてきたな、と感慨深いものがあります。二ページにわたる活動報告にも見られるように、実にたくさんの方々と関わってきました。会員、特に賛助会員の飛躍的増加・次第に好意的になった各団体、行政の参加、総会会場の拡大等々、私達の願いが徐々に実りつつあります。

それというのも、私たちの活動が意義のあるものであり、如何に多くの方々が過労死のない社会、人間らしい働き方ができる豊かな社会を欲しているかの証しだと思います。

今後、政府の「働き方改革」、文科省の「学校における働き方改革」を、真に働く者の立場に寄り添ったものにする為、そして、本会の目的達成に向けて、皆様に支えられながら着実に活動を進めてゆきたいと考えます。

今後ともよろしくご支援の程、お願い申し上げます。

四　過労死防止学会におけるレポート

「過労死等防止対策推進法」の制定を受けて、「過労死防止学会」が設立され、毎年一回会場を変えて開催しています。設立の経過・目的・活動などについては、故森岡孝二先生（関西大学名誉教授）の入会のお誘いにてご理解ください。一泊二日で、いろいろな分野からレポートを発表し分科会や全体会で討議します。そのなかで、第三回大会で報告した中野のレポートを掲載します。

1　過労死防止学会へのご入会のお誘い

昨年六月二〇日、参議院本会議で「過労死等防止対策推進法」（略称・過労死防止法）が全会一致で可決、成立し、一一月一日から施行されました。

厚生労働省には「過労死等防止対策推進室」が置かれ、法にもとづく最初の「過労死等防止啓発月間」の一一月一日には「過重労働解消相談ダイヤル」が実施され、一四日には厚労省講堂で過労死を考える家族の会、過労死弁護団などが協力するかたちで過労死啓発シンポジウムが開催されました。また昨年一一～一二月には、全国一八箇所で各府県の労働局の後援を得て過労死防止のシンポジウムや啓発集会が行われ、さらに数府県で新年に類似の催しが計画されています。

この法律の最大の意義は、過労死の防止を国および自治体の責務として定めたことです。法は事業主にも国と地方の対策に協力するよう求めています。これによってこれまで実施されてこなかった過労死の総合的な調査研究が国の責任で行われることになりました。過労死等の防止対策に関する大綱を作成するために設けられた厚労省の協議会には、防止法制定運動の中心になった家族の会や弁護団のメンバーも参加しています。

こういう動きを受けて、私たちは昨年一〇月二九日にスタートした民間団体「過労死等防止対策推進全国センター」（略称・過労死防止全国センター）と協力して、過労死の実態とその防止対策の調査研究のために、新たに学会を立ち上げたいと考えています。この学会は、別紙会則案にあるように、過労死（過労自殺および過労疾病を含む）に関する調査研究を行い、その成果を過労死の効果的な防止のための対策と取り組みに生かすことを目的としています。会員は広く学際的、分野横断的に、過労死被災者とその家族、勤労者のいのちと健康に関心をもつ研究者、弁護士、活動家、ジャーナリスト、その他本会の目的に賛同する個人によって構成されます。

今後の予定としては、二〇一五年二月から会員を募り、二〇一五年五月二三日（土）に設立記念大会を持ちたいと考えています。

つきましては、ぜひとも過労死防止学会にご入会くださいますようご案内申し上げます。

二〇一五年二月九日

過労死防止学会発起人一同

2　過労死防止学会　第三回大会レポート（二〇一七年五月二一日）

第一回『過労死白書』と調査研究から見えてくるもの

過労死を考える家族の会　中野淑子

みなさんこんにちは。私は過労死を考える家族の会の中野淑子と申します。昨年まで公務災害の担当として、過労死等防止対策推進協議会の委員をつとめておりました関係上、以下の五項目についてお話をして、問題提起とさせていただきます。

一　夫・中学校教師の過労死

まず私の夫、中学校教師の過労死について、簡単に報告いたします。

夫は一九八七年の四月、教員の定期異動により、当該校に転勤いたしました。赴任して見せられたのは、一六ヶ所に及ぶ、中野の名前が入った校務分掌表でした。「こんなに分掌が多くては死んでしまう」という言葉で、新任校での生活がスタートしたのですが、わずか九ヶ月で現実になってしまいました。副教頭のような校務主任をはじめ、安全主任とか管理主任、校納金主任などなど、校舎の管理とか業者との折衝等で、直接生徒に関われない仕事に追いまくられて、次第にストレスが溜まっていったようです。加えて発症前の一ヶ月、二学期末ですが、この時期は三年生の高校進学のための進路指導資料の作成のために寝る間もないほど忙しく、夫はパソコンを使ってのデータ作りのため、家庭での持ち帰り残業に忙殺される日々が続き、過労とストレスが夫の心身を蝕んでいきました。その結末は、一九八七年の一二月二二日、勤務校内でくも膜下出血を発症し、翌一月一日、他界しました。享年五二歳でした。

翌年、公務災害の申請をしたのですが、以下のような理由で、基金支部では認められませんでした。主な理由は、家庭におけるパソコン作業は、校長の命令によるものではない。そして、自宅での作業は、勤務公署内での公務と同様には評価できない。また、校務分掌における業務も、通常業務の範囲内である、というものでした。私はとうてい納得できませんでしたので、審査請求をして五年弱になりますが、支部審査会の段階でようやく認められたわけです。以後、家族の会の公務災害担当として、地方公務員災害補償基金本部要請を開始して、現在に至っております。

過去一〇年間の事例を少し挙げますと、要請人数は五〜一一名の間で推移し延べ人数が八一名しかおりません。なかなか認定されず、同じ人が五・六年続けて訴えている例もありますし、中には諦めてしまう方もいらっしゃいます。職種は教職員と県・市職員が最も多く、共に約四〇名、保育士・市バス運転士・公園整備室長・文化財保護など、多岐にわたります。被災の種類では過労自死が最も多く、うつ病・くも膜下出血・脳機能障害などが続きます。

要請の内容を概略申し上げますと、〇支部長が、「公務上」と判断したら、本部協議で公務外にはしないで欲しい。〇「過労死等防止対策推進法」の大綱に則り、十分に調査・研究・分析・結果の公表をすること。〇認定に当たっては、教職員の職務の特殊性を十分考慮すること。〇基金のほうで公務上認定が取れなかった為に、裁判に持ち込む人が多いのですが、その裁判で公務災害と認められた事案に対してさえ、基金のほうで控訴したり上告したりする例が多いのでそれは絶対にしないで欲しい、というようなことを要請してきました。

二　地方公務員の公務災害認定に係わる課題

この項につきましては、いろいろ課題があることを感じております。私達は毎年一一月に、災害補償基金本部に要請に行っているのですが、その要請者（係争中の方）が非常に少ないのです。このことは、総務省からの資料でも同じように、全国的に申請者が非常に少ないという実態が出ています。昨年の分科会での松丸先生のお話によりますと、在職死亡者が小・中・高を合わせると五〇〇人から六〇〇人に上るとのこと、それほど被災者が多いのに、申請件数が少ないとはどういう事か、その理由を考えたのですが、○公務災害請求の手続きが大変煩瑣であり、所属長とのトラブルが起きやすいことです。たとえば、学校の場合では、校長を経由して基金支部に申請をする訳ですから、中には校長が、提出された申請書類を机の引き出しに仕舞いこんでいたという例もあります。○地方公務員災害報償基金の認定が、あまりにも狭き門で、認定までに年数がかかり過ぎ、その上裁判で認定されても、控訴や上告される事案が多いので、裁判の長期化に遺族は疲れ果ててしまうこと。○共働きの教員の場合、夫（妻）が過労死しても、忙しすぎて申請どころではないという実態、また申請をしたことによって同じ職場内で人間関係を悪くしたくないという感情も働きます。○生徒への愛情や仕事に対する熱意からか、あるいは聖職者意識とでもいうのか、時間外勤務が常態化してしまい、疲労が当たり前になり我慢してしまう傾向にあるという状況もあります。

三　過労死等防止対策推進法制定・過労死等防止対策推進協議会から白書完成まで

家族の会は成立以来様々な活動を通して、過労死防止のために警鐘を鳴らしてきました。二〇〇六年、第一次安倍内閣のときは、ホワイトカラー・エグゼンプション導入に全国で反対運動を起こし、厚生労働省や日比谷野音での集会で訴えたり、二〇一三年には国連の社会権規約審査の際にジュネーブで訴えたり、院内集会を開いたり等など、様々な形で人の命を大切にする社会の実現を目指して活動してきました。

その結果、二〇一四年、過労死等防止対策推進法が、大変多くの皆様のご支援により成立しました。早速、過労死等防止対策推進協議会が開かれて、私も委員として出席しましたので、公務員に関わる意見を申し上げてきました。以下、何点か書いてみましたが、まず、大綱の種々の項目について、公務員に関する記述が非常に少ないということに気がつきました。そこで、〇公務員の過労死等の現状の詳細な調査・分析を実施し、詳述して欲しい。〇公務災害認定率が労災の認定率と比較して低い状況などを申し上げて、公務員の項をきちんと位置づけた上で、明記して欲しいと要請しました。

○教員の職務の特殊性からくる過労死等の現状の詳細な調査、分析。そして公務員に対する過労死等防止対策をきちんと明記して欲しい、ということも要請しました。
○労災の請求件数に当たる公務災害の、国家公務員の場合は協議件数、地方公務員の場合には受理件数と言いますが、労災のそれと比較して非常に少ないということです。その原因をしっかり調査分析して欲しい、という要請もいたしました。
○公務災害のうち、脳・心臓疾患、精神障害の補償に関わる詳細な状況を公表して欲しい。厚労省のほうでは毎年一回六月ですが、きちんとマスコミ宛に公表しております。それに準じるようなものをぜひ公表して欲しいという要請をしましたら、これは了承されまして、今年度から公表されると思いますので、期待しております。
最後に、○上記の事項を実施するための予算措置をして、確実に実施して欲しい、ということを申し上げました。

五　労働問題・労働条件に関する啓発授業

私たちの間では、「過労死防止啓発授業」と言っています。これも、厚労省内に設置された「過労死等防止対策推進室」から委託された業者が、各地域の責任者と学校側と連絡・調整を取り、弁護士と家族の会とで二～三人組で授業を行なっています。ほとんど中・高・大学が中心ですが、私が二〇一八年一一月五日に神奈川県立高浜高等学校で行なった授業の原稿を一校分だけ掲載します。

◆過労死防止啓発授業

神奈川過労死等を考える家族の会　中野淑子

自己紹介

皆さんこんにちは。私は、神奈川過労死等を考える家族の会所属の中野淑子と申します。理不尽な死に方を強いられた過労死遺族の無念さ・辛さ・苦しさ・悲しさを再び他の方が味わう事があってはならないと活動を続けて、今年で三〇年になります。

この度、人間らしい働き方、過労死について話す機会を下さった程島先生はじめ学年の先生方に感謝申しあげます。

同時に、夫の過労死体験を通じて・生きるという事・いのちの重み・人間らしい働き方等について皆さんと御一緒に考えられることを嬉しく思います。どうぞ、働くご家族のこと、そしてご自身のことと重ね合わせながら、聴いてください。

1．過労死を考える家族の会とは

過重労働により大切な家族を失った遺族だけでなく、過重労働に苦しむ当事者、家族が、過労死を失くそうと集まり、活動をしている団体で一九九一年一一月結成されました。その後各地に誕生し、神奈川県は昨年結成されて、一四番目になります。

2．突然の夫の死と遺族の悲しみ

一九八七年一二月二二日、今から三〇年前になるので、皆さんが生まれる大分前ですね。中学校教師だった夫は、勤務中にくも膜下出血を発症して学校で倒れ、救急車で病院に搬送され、すぐに集中治療室に入ったのですが、脳の中に血液が溢れ非常に危険な状態でした。既に意識がなく、昏睡状態が続きました。私たち家族は、ベッドの傍で息をひそめて、心の中で、声を限りに叫び続けました。「お父さん目を開けて！」「神様、奇跡を起こしてください！」「夫の命を奪わないで！」　しかしその叫びも虚しく、枕元の、心臓の動きを示す針の振れモニターというのですか、それが、次第に弱くなり、やがて、ツーと一本の線になってしまいました。心臓が凍りつきました。「また生き返るかもしれない。先生もうちょっと待ってください」しかし、無駄な抵抗でした…こうして、意識が戻らぬまま、息を引き取ったのは翌年の一月一日明け方。享年五二歳、過労死でした。

健康で病気などしなかった夫が、一一月・一二月の学期末になってから、しきりに「疲れたー」という言葉を連発するようになる。が、まさか、過労で死ぬなんて当時は全く誰も考えもしませんでした。ですから、一家の大黒柱である父親の突然の死に、子どもたちはじめ、私達家族は茫然自失。

卒業を三か月後に控えた高校三年の娘は、気が狂ったように、夜中に急に飛び起きて、「これからお墓に行く」と外に走りだしたり、月に向かって大声で泣きわめいたり、最愛の息子に先立たれた齢老いた母は、半狂乱になり、後を追おうとさえしました。

それまで、一家六人、ささやかな幸せな日々を過ごしていました。夫は、英語の教師だったので、英語の歌を歌ったり、簡単な英会話をしたり、授業を工夫していたようで、授業が楽しくなったと、生徒さんに喜ばれ、慕われていました。それが突然、不幸のどん底に突き落とされたのです。自分だけが世界中で最も不幸な人間に思えました。誰でもそうですよね。悲しみのどん底にある時「なぜ、私だけが……」と思います。平凡なささやかな幸せは、一瞬にして崩れ去った。今にも倒れそうな一家。家族みんなが必死で支え合いました。

娘に手を引っ張られてやっと起きて出勤する夫を「頑張ってね」と励ましながら見送ったまま、最後の別れになってしまいました。娘は「無理に起こさなければよかった……」私は「学校を休ませればよかった……」「病院に行かせればよかった……」などなど、後悔したり自分を責めたり、酷い喪失感に苛まれています。

ひとえに生徒の為にと思って頑張った代償が過労死なんて……幸せになりたくて頑張って働いた結果が、こんな突然の死なんて……。疲労困憊の体で「自分を励まして行くかー」と出勤する夫を「頑張ってね」と送り出したままそれが、最期の別れになるなんて……「さようなら」も言わずに逝ってしまうなんて……残酷すぎます。

事件の多い現代社会にあっては、こういう予期せぬ突然の死もあるかもしれない。でも、諦められない。冬休みに入ったら旅行に行こうと予約までしておいたのに、それも叶わずに逝ってしまった。こんな悲しい別れがあるでしょうか。

皆さん、想像してみてください。こんな信じられないことが、貴方の家族の上に起きたらどうしますか? 当然のように傍にいた人が、突然いなくなる。昨日の続きが必ずしも今日は来ない。今日の続きが必ず明日来るとは限らないのです。愛する家族の突然の死。

いつ、誰に起こっても不思議ではない日本の現実、他人事ではないのです。ひょっとしたら、社会に出た時のあなた自身かもしれないし、友達や親戚の上に降りかかるかもしれない。今の日本の社会には、こんな不条理なことが蔓延しているのです。

3. 夫の過重労働と過労による変化

英語の教科担当・中国からの帰国生徒に日本語指導の他、一六もの校務分掌を担当、副教頭のような校務主任・管理主任などなど……そのため破損個所の修理、ペンキ塗り・校舎の戸締りなどなど教師本来の仕事ではない雑用のような仕事で、直接生徒に寄り添えない部署で超多忙になり、ストレスが溜まっていったのです。

加えて、二学期末、三年生の高校選択の進路指導資料や期末テストの成績処理など自宅のパソコンに打ち込み、土日・早朝深夜打ち続けました。担任は、寝る間もなく多忙だったので、その負担を少しでも軽くしてやりたかったのです。結果、疲労困憊の果て、死亡しました。

転勤当初、校務分掌表を見ながら「こんなに仕事が多くては死んでしまう。でも一年間は我慢するか…」と言っていましたが、九か月で現実になってしまいました。元気がなくなる、愚痴っぽくなる、帰宅するなり椅子に崩れこみ「登校拒否の生徒の気持ちがわかるなあ」とため息をするようになりました。

「最近お父さん変だね。相当疲れているみたい。話をちゃんと聞いてあげようね」娘と話していました。

朝も起きられなくなる。「あと二日で冬休み、自分を励まして行くか」と言ってバイクで出勤したのですが、そのまま我が家には戻らず、あの世へ逝ってしまいました。

4．教師の勤務感情

生徒のためなら、少しぐらい疲れていても頑張ってしまう。

勤務中は処理しきれない仕事が沢山あるので家庭に持ち込まざるを得ない。その仕事がどんなに夜中になろうとも苦痛に思わない。「これで、良い授業が出来る、良い指導ができる」と思うと満足感に浸るのです。

特に学期末は超多忙でした。そのため多少体調を崩していても、それが当たり前になってしまう。この山を越えれば休みが待っていると思って自分に鞭打って頑張ってしまう。自分の子どもに寂しい思いをさせても、家庭が犠牲になっても仕方がない。これが日本の一般的な教師の姿ですが、カナダの教師は、娘が放課後質問に行ったら、「ごめんなさい、私の勤務時間はもう過ぎているからまた後にしてね」と断られたそうです。

5．夫の過労死から考えたこと

働き過ぎて疲れすぎると、その先に「死」が待っているという事です。しかし、ひたすら生徒のためにと頑張った果てが過労死なんて何と理不尽なことではありませんか？しかもそれが正当に評価されないのです。

教師が疲れすぎていて、暗い顔で、苛々していて、決して良い指導はできない。健康でゆとりを持った、豊かな教師こそ、生徒一人一人に優しく向き合える。その根底には、自分自身の命を大切に考える姿勢がなければならない。そうでなければ、なんで生徒の命を大切にできましょう。教師が笑顔で、生徒に寄り添った丁寧な指導が出来る日本社会であって欲しい、と切に望みます。

6．働き過ぎの日本の現状

私の三〇年前の事例が、全く古い出来事ではなく、古くて更に更に新しい事実なのです。最近、電通の高橋まつりさんの話やＮＨＫ記者の佐戸美和さんの過労自殺の話が話題になっていますね。

皆さんのご家族でも、夜遅くまで働き、仕事がきつい、疲れたーなどと、おっしゃっていませんか？

先日、ファミレスに夕食を食べようと入ったら、しばらく待って、やっと注文した品物がなかなか来ない。スタッフはてんてこ舞い。バイト代も安いとか？　宅配便の配達員も夜遅くまで駆け回っている。昼食時のコンビニのレジには長い行列。どこもかしこも忙しそうです。病院勤務の娘は過労死予備軍です。

現在の日本の社会は、こういう状況が蔓延しています。

特に最近、精神疾患による若者の過労自殺が、以前より激増。新入社員としての研修期間もなく、すぐに即戦力として、重要なポストについて仕事を任せられたり、教員の場合は、新任早々担任になったり、外食産業などは、名ばかり店長でいくつもの店を掛け持ちさせられたり、その挙句、「うつ」になり自殺に追い込まれたり、深夜バイクで退勤途中、過労のため電柱に激突して亡くなったり……、私達遺族の中には悲しい例が山ほどあります。最愛の我が子を過労死で失ったお母さま方の嘆きは言葉では言い表せないほど深く、精神的に非常に不安定な様子で、とても心配になります。

就職活動の壁を見事突破し、「さーこれから、自分の力を思いっきり発揮できるぞ」と大きな希望を抱いて入社した、未来ある若者の夢を砕き、過労死・過労自死させるような日本の労働の在り方を、皆さんはどう思いますか？　異状ですよね、日本の大きな損失であります。なんとかして変えてゆく必要があるとおもって活動を続けてきたら、いつの間にか三〇年経ってしまいました。

私の経験談が、やがて社会に出る皆さんに、「働くこと」の意味、「自分という人間の在り方、生き方」について考えるきっかけになれば、何よりの幸せです。

7. 高校生の皆さんへ

皆さん、今日お家に帰ったら、一生懸命働いていらっしゃるお家の方々に、「お疲れ様！」とねぎらいの言葉を掛けてあげてください。その一言でどんなに心が癒されることでしょう。

そして、やがて近い将来、社会に出られるであろう皆さん、就職活動から、様々な壁にぶつかるかもしれない。また、入社しても、いろいろな矛盾に突き当たるかもしれない。

そして「何かおかしいな、こんな働き方は変だぞ」と思っても、一人では怖くてなかなか上司に言えない。首になったら？　パワハラを受けたら？　転勤させられたら？　といろいろ悩むかもしれない。過度なノルマを課せられて、「自分は能力がないのではないか」と思って、自分を追いつめてしまうかもしれない。そんな時は、一人で悩まないで、ざっくばらんに友達に話そう。信頼できる先輩や弁護士に相談するのも良いでしょう。

能力があり、真面目で几帳面で責任感が強い人ほど、頑張ってしまい過労に陥り「うつ」になってしまいがち。自分の能力・体力を過信してはダメです。

働く意味、働き方をしっかりと考え、自身を大切にし、今生きている命を大切にして欲しい。あなたの代わりは、会社にとっては誰でも良いけれど、貴方を愛している家族にとっては、他の誰にも代えられない大切な命なのです。

人間は、生きるために働くのであって、死ぬために働くのではない。自身を輝かせ、生き生きと人生を楽しむために働くのである。「いのち」より大切な仕事なんてないのです。私が皆さんに切に願うことは、「自分の命は会社のためにあるのではない、自分自身のためにあるのだ。だから、自分自身の命を大切にしたい！」と思う気持ちを根底にしっかりと持っていてほしいということ。

賢い労働者になっていただきたいと思います。

自然災害や事故によって、命を奪われるのは、本当に悲しいことだけれど、仕方がない場合があります。しかし、過労死や戦争によって命を落とすのは、人間による災害であるから、努力すれば防げることです。一つのいのちの周囲には家族があり友人や親戚や社会が繋がっている。だから、地球より重い一つのいのちを皆で守っていかなければならないのです。

私達は、社会で働く人々が豊かに生き生きと働き続けられる、過労死ゼロの社会を、後に続く若い皆さんにバトンタッチできるように頑張っております。

二〇一四年に、「過労死防止対策推進法」が制定され、国の責任で、過労死防止対策に取り組むようになりました。私達が長年、めげずに諦めないで声を上げ続けてきた成果だと思います。

しかし、今年の七月、「働き方改革」と言って、過労死防止法とは全く逆の、過労死を促進させるような法案が成立してしまいました。また、「学校における働き方改革」といって、先生方の長時間労働を見直そうと、中央で審議されているのはよいのですが、なによりも、根本的な解決策は、先生方の数を増やして持ち時間数を減らす、また一学級の生徒数を減らすことだと思います。そのために、まだまだ声を挙げてゆこうと思います。

皆さんもそれぞれ生きることに頑張って欲しい。

会社や社会に対しても、個人の尊厳やいのちや健康が脅かされるような事があったら、皆で声を上げていきましょう。

以下、資料を四種類添付しておきました。

詳しく説明する時間がありませんので、後でよく見ておいてください。

資料

・日本の教員の勤務時間は長い！（中学校教員の一週間当たりの勤務時間）

・公財政教育支出は国際比較で最低レベル

・日本の教員は少なく、負担も大きい

・教諭と民間労働者の労働時間の比較（週当たり）

これで私のお話を終わります。皆さん、いのちを大切にね。ありがとうございました。

＊二〇一九年度の授業では、「働き方改革」による最近の労働実態を少し書き加え、資料は以下のものにしました。

厚労省の「白書」資料より

・過労死等に係る労災補償の状況

①脳・心臓疾患に係る労災請求・支給件数の推移、

②精神障害に係る請求・支給件数の推移、

③発症時年齢の事案数（脳・心臓疾患・精神疾患）、

④対象疾患別の事案数（脳・心臓疾患）、

⑤被災者の職種（精神疾患）

六　教員の働き方について

最近、ようやく学校の働き方にスポットが当てられ、「学校における働き方改革」として、文科省などで審議され始めていることは大変喜ばしいことですが、私達が望む「改革」とはほど遠く、教員の定数増や持ち時間数の削減・一学級の生徒数減などの抜本的な改革には手も触れず、果ては「一年単位の変形労働時間制」などを持ち出し、教師を過労死の道に追い込もうとしています。夫に継ぐ犠牲者を再び出してはなりません。

1　地方公務員災害補償基金本部要請

一九九一年、全国家族の会結成当時の記録がないため、その間の要請行動の詳細は分かりませんが、記憶をたどれば、衆・参議員会館内の政党事務所を手分けして訪れ、何度か過労死の実態を訴えてきました。その後しだいに体制が整い、厚労省要請と並行して公務災害の要請もしたいことを世話人会に提案をし、中野が担当になり二〇〇三年から現在まで続くことになりました（二〇一六年から工藤祥子さんにバトンタッチ）。要請行動の内容の概略は、本書の四、「過労死防止学会におけるレポート」の項で述べてありますので、此処では省略します。

ここでは「過労死等防止対策推進法」が制定された翌年、全国統一行動で毎年行なっている要請行動で、地方公務員災害補償基金本部に提出した要請書を掲載します。

要請書

二〇一五年一一月一九日

全国過労死を考える家族の会　公務災害担当
過労死等防止対策推進協議会委員　中野淑子

地方公務員の労働環境・公務災害の実態をつぶさに調査し、厚労省に準じる資料の公表と認定率を引き上げることを要請する

昨年の六月、「過労死等防止対策推進法」が制定され、次いで大綱が策定されて約半年になる。私は、その大綱策定の協議会委員として公務災害担当の立場から公務員全般について発言してきたが、本日は、千公災基金への要望に絞ってお話ししたい。

1．公務災害の認定率を、労災の認定率並に引き上げること。

公務災害の認定率は、労災補償に比べて、極めて低い。

大綱の第２（３）地方公務員の公務災害の状況の項で、受理件数・認定件数は記載されているが、認定率は記載されていない。そこで、協議会に提示された資料から過去五年間のデータを見ると、労災の認定率は脳・心臓疾患がほぼ四〇％台、精神疾患が三〇％台を推移しているのに比して、公務災害では、国・地方公務員共に脳・心が三〇％台、精神疾患が二〇％台を推移し、労災補償との差が多少縮小してきたものの、まだ約一〇％の開きがある。また国家公務員と地方公務員との認定率の差は、あまり見られないが、精神疾患の認定率が国家公務員二六・七％に対し、地方公務員が三五％で、認定率が高いのは良いことであるが、それだけ負担が大きいことを示している。その内、教職員が脳・心三八・六％、精神疾患が二一％、である。教職員の負担が如何に大きいかがわかる。

したがって、今後の認定の際には前述の状況を踏まえて、職務の特殊性を十分考慮し、状況を詳細に調査の上、公務災害補償・被災者救済の立場から公正な姿勢で、認定に反映して頂きたい。

2. 過労死等の地方公務員に関する公務災害補償状況を、公表することを求む。

厚労省では、『報道関係者各位』として、『平成〇〇年度「過労死等の労災補償状況」を公表』という見出しで、毎年公表している。そこで、協議会において、公務員関係の過労死の状況をも是非調査・分析した上でその結果を公表して欲しい旨要望したところ、大綱の第4「国が取り組む重点対策」として、1調査研究等（1）過労死等事案の分析の項に、「独立行政法人労働安全衛生総合研究所に設置されている過労死等調査研究センター等において、過労死等に係る公務災害認定事案を集約し、その分析を行う。」と明記されている。そしてなお、（4）「結果の発信」という項に、「公務災害認定状況、調査研究の成果その他の過労死等に関する情報をホームページへの掲載等により公表する」と明記されている。来年度は予算化もされることであろうことから、是非公表されることを期待しているが、公務員全般については協議会の方に委ねるとして、ここでは地公災の方に是非要望したい。地方公務員の公務災害補償状況の資料を、厚労省の内容と同じような形で毎年公表して欲しい。

3. 「地方公務員災害補償基金」本来の立場を踏まえた姿勢の堅持を！

「過労死等防止対策推進法」に則り、「健康で充実して働き続けることのできる社会」を目指して、一一月を啓発月間と定め、厚労省主催のもとに昨年から各地でシンポジウムが開催されている。今年も全国約三五箇所で行われる予定である。

また、文部科学省、内閣官房内閣人事局、総務省等々より過労死防止のための対策が打ちだされ、過労死について、その対策に厚労省をはじめ公務官庁も動き出している。

地方公務員災害補償基金は、このような情勢を踏まえて、今回の要請事項および被災者・遺族の痛切な要請に対して真摯に受け止め、適切かつ公正・親身な早期認定と補償をしていただくことを切望する。

2　教員の仕事の過重性を認めた鳥居裁判について

以下は、私の所属する「千葉退職教職員の会」の機関誌「ゆうゆうしんぶん」に投稿した原稿です。

教員の仕事の過重性が認められた！──名古屋地裁の判決から

過労死を考える家族の会　中野淑子

公務災害認定に関わる判決で、最近味わった感動的な判決事例を皆さんにお伝えしたいと思います。しかし、その喜びも束の間、なんと二週間後に地公災補償基金は控訴したのです。

〈被災者（原告）の概略〉

被災者は鳥居建仁さん、当時四二歳。二〇〇二年九月一三日、名古屋市立石巻中学校の体育館で学校祭の最中に脳内出血で倒れました。倒れる前日まで部活の指導や授業の準備、学校祭の準備で夜警のために校長室に泊まり込みをする等、倒れる一か月前は学校が認定したものでさえ一一九時間、夏休みも時間外の勤務が一〇〇時間超とのこと。鳥居先生の病名は「脳内血腫・左片麻痺・高次脳機能障害」。現在、身体・精神障害をもちながら懸命に生きていらっしゃいます。お母さんは建仁さんの神経の高ぶりに体調を壊してしまい介護施設に入居中。裁判は伯母さん夫妻が闘っています。

二〇〇五年八月、地公災補償基金愛知県支部は「公務外」としました。理由は、「①通常の勤務と比較して特別なトラブルはなかったので、特に過重な業務に従事したものとは言えない。②もやもや病の基礎疾患があった」ということです。鳥居先生の、部活動指導・教材研究・学級事務・研修・学校内の各種会議などの時間外勤務は自主的なボランティアで勝手にやったこととして、全く否定し公務ではないということです。二三年前の私の場合と全く同じです。

二〇〇五年九月から二〇〇八年七月まで、支部審査会棄却、本部審査会棄却、そこで裁判に踏み切り、二〇〇八年一二月、名古屋地裁に提訴しました。二年半を経て二〇一一年六月二九日名古屋地裁においてやっと完全勝利の判決を勝ち取りました。公務災害申請からなんと九年七か月もの長年月です。

私もその日名古屋地裁に駆けつけたのですが、裁判長が判決文を読み上げた時の、嬉しかったこと。しかも、主文だけでなく理由も概略読み上げたのです。画期的な判決に感動しました。私の気持ちを代弁し、教員の勤務実態を大変よく認識しておられるのです。

〈名古屋地裁の判決〉

原告の長時間・過密労働の実態をしっかりと把握して、毎日の部活動・教材研究・学級事務・各種会議・生徒指導・進路指導などが包括的な黙示の職務命令によって成り立っていることを明らかにしています。そして、教職員の勤務は自主的・自発的・創造的な職務であり、本来の教科それに付随する広範な指導業務・課外活動・PTA活動の業務・職務遂行のために相当程度の準備行為を必要とする職務も、教職員現場の仕事の一環であることを明らかにしたのです。

〈判決文の抜粋〉

＊「…校長の指揮命令は黙示的なものでも足り、指揮命令権者の事実上の拘束力下に置

かれたものと評価できれば公務に当たるというべき…」＊「教育職員の勤務は、春季、夏季、冬季の学校休業期間における勤務実態が一般の行政事務職員とは大きく異なった勤務形態…部活動指導・PTA活動・生徒指導など非常に広範囲で、かつ、千差万別である…職務遂行の範囲が明確ではなく、かつ、…事前に相当程度の準備行為を必要とする職務が少なくない…職務の特殊性から自主性・自発性・創造性に基づく職務遂行とそれによる成果の発揮が期待されており…勤務時間の管理が非常に困難な側面があり…包括的な評価によって手当（教職調整額）を支払うこととされている…公務分掌等による包括的な職務命令に従い、各教職員が自主性・自発性・創造性を発揮しながら自ら進んで職務を遂行するという側面が強い…個別的な指揮命令がなかったとしても、事実上の拘束力下に置かれた公務にあたる…」＊「部活動を終えた後にしか確保できず、やむを得ず勤務時間外に教材研究などを行わざるを得なかったと推認される」＊「…全体の業務量はおよそ所定勤務時間内に終えられるようなものではなかったと推認される…勤務時間内に終えることはおよそ困難…加えて教材研究についても、職務を全うするために必要不可欠なもの…黙示的な職務命令が及んでいる…」＊「夏休み期間の指導や生徒の体調管理には平常時よりもさらに気を遣わなければならず…精神的負荷は強いものであったと推認され、…夏の暑い盛りの部活指導の勤務は体力的にも相当に負担のかかるものであり…」＊「以上の事実を併せ考慮すると原告の労働密度は相当高かったことが認められ、量的・質的にも重い公務を遂行していた…肉体的・精神的負荷を恒常的に受けていた状態にあった…長期間にわたり疲労を蓄積させていったものと推認される。」

〈その後〉

二〇一一年七月一三日、地公災基金愛知県支部、控訴。九月一日付で控訴理由書届く。内容は、上記判決をことごとく否定し、公務起因性や公務過重性の判断を事実誤認とし、校長の包括的職務命令も否定している。せっかく終止符を打つかと思った裁判はまた高裁で争わなければならない。

一九九五年　船橋市中学校退職

裁判長への手紙

二〇一一年七月九日

名古屋地方裁判所　民事第一部

裁判長　田所年則　様

全国過労死を考える家の会　中野淑子

平成二十三年六月二九日判決の鳥居裁判の判決に対する御礼

去る六月二九日、一一〇三号法廷において行われた鳥居先生の公務外認定取り消し請求事件において、その判決の公正さに心から感謝申し上げます。

判決やいかにと全身を耳にして聞いておりましたが、裁判長様が主文のみならず判決理由までご丁寧に読み上げてくださったことに、まず感動いたしました。そして教員の業務の特殊性・労働実態を大変よく理解してくださっていることに大きな喜びを感じました。

後日判決文を読ませていただきましたが、文面のいたるところに「推認」という文字が見られ、また「推定」「業務量が相当なもの」など等、裁判長様の想像力の豊かさ、人間味あふれるお人柄を感じました。ただ単に数値のみで測るのでもなく現象面で判断するのでもなく、本当に血の通った、被災者に寄り添う姿勢が文面の随所に見られました。もしや教員の経験がおありではないかと思われるほど、私ども教員の、生徒への熱い思い、そこから生まれる勤務時間を度外視した、已むにやまれぬ残業、仕事の多様性、精神的な緊張感など等、ほんとうによく理解されていらっしゃることに深い感銘を覚えました。職務遂行への責任感が強い教師ほど、過重な生活になります。

今回の判決によって、鳥居先生、それを支えた杉林夫妻はどんなに救われたことでしょう。どんなに運命が開かれたことでしょう。また全国の係争中の遺族も現場の教師も勇気を与えられました。ほんとうにありがとうございました。

今後ともその暖かさを、後に続く裁判に生かしてくださることを切にお願いして、私の御礼のことばとします。

3「学校における働き方改革」について（文科省への要請）

二〇一七年七月、文科省は中教審に「学校における働き方改革特別部会を立ち上げ、八月に「学校における働き方改革に係る緊急提言」、一二月には「新しい時代の教育に向けた持続可能な学校指導・運営体制の構築のための学校における働き方改革に関する総合的な方策について（中間まとめ）と「学校における働き方改革に関する緊急対策」（文部科学大臣決定）をまとめました。また、二〇一八年二月には都道府県教育委員会等に「学校における働き方改革に関する緊急対策の策定並びに学校における業務改善並びに勤務時間管理等に関わる取組みの徹底について（通知）、二〇一九年一月中教審答申がなされました。

二〇一九年一一月には、公立義務教育教員の「一年単位の変形労働時間制」が衆議院文科委員会で強行採決されてしまいました。

中教審の傍聴には、ほとんど毎回（一五～一六回）参加してきましたが、二〇名弱のメンバーのうち現場の教員は一名もおらず、二時間の審議時間の中で真剣に討議されてはいましたが、私たちが切望する抜本的な対策に踏み込んだ話し合いは残念ながらなされなかった感がありました。

また、二〇一九年一一月七日に、「給特法の一部を改正する法律案（内閣提出）について衆議院本会議の傍聴を、一一月一二日には、文科委員会で同議題に関して参考人質疑があり、工藤さんの随行として出席してきました。労働弁護団の島崎量氏や野党の議員等が反対しましたが、一五日に可決してしまいました。まさに過労死促進法です。こ

上――二〇一五年一一月一九日
「学校における働き方改革」について、文科省に要請書提出：文科省初等中等教育局長室
下――二〇一五年一一月一九日
「学校における働き方改革」について
文科省に要請書提出後の記者会見：記者会見室
（いずれも左端が筆者）

れは、単に教員の問題にとどまらず、こども、教育、社会の重大問題です。子どもの教育、日本の未来のために、社会全体に関心を持ってもらうべく、マスコミはもっと真剣に報道すべきです。

以下は、元文科大臣馳浩議員（過労死防止について考える議員連盟代表世話人）の計らいで、標題の通りの要望書を、直接手渡したものです。その後記者会見し、私たちの想いを訴えました。翌日の中教審には資料としてこの要望書が配布されました。

二〇一七年一〇月二日

文部科学省初等中等教育局

局長　高橋道和 様

全国過労死を考える家族の会

代表世話人　寺西笑子

公務災害担当　工藤祥子

前公務災害担当　中野淑子

「学校における働き方改革に係る緊急提言」について下記の通り要望致します

記

1.「勤務時間」を意識した働き方を進める為、教職員の勤務時間を正確かつ確実に把握、分析し、実効性のあるものに改善すると共に、開示をしてください

2.全ての教育関係者が、学校・教職員の業務改善に確実に取り組むよう学校現場における「周知義務」を遵守させてください

3.「国として持続可能な勤務環境整備の為の支援の充実」が確実に遂行されているか、常に把握して改善する体制を構築すると共に、更なる具体的な対策を進めてください

はじめに

私たちは学校での過重な勤務により、教師であった大切な人を過労死・過労自殺（以下、救命されたものも含めて過労死等といいます）によって失った遺族です。

緊急提言は、教師の働き方の改善においてしっかり明文化し、表明されたものとして評価し、実現への期待をしているところでございます。

「過労死等の防止のための対策に関する大綱」には、「人の生命はかけがえのないものであり、どのような社会であっても、過労死等は、本来あってはならない。過労死等がなく、

仕事と生活を調和させ、健康で充実して働き続けることのできる社会の実現に寄与することを目的」とする「働く人の立場・視点」に立った「働き方改革」が推奨されています。「教師の働き方改革」の流れが、過労死防止の「大綱」に沿ったものになっている事を感じております。

私たちは、文科省が現在に至るまで出された、さまざまな教師の働き方の改善に対しての対策が、功を奏し、いずれは教育職場が過労死ゼロとなる事を心より願っております。「教員が健康でいきいきとやりがいを持って勤務でき、教育の質を高められる環境を構築し」、現場におけるすべての教員が改善されたことを確実に実感できるような改革を求めて、ここに要望書を提出致します。

1．「勤務時間」を意識した働き方を進める為、教職員の勤務時間を正確かつ確実に把握、分析し、実効性のあるものに改善すると共に開示をしてください

教員の仕事の特性として、給特法により、労務管理意識が管理者、現場の教員ともに薄いため、校務支援システム構築の必要性が現場で重視されないおそれがあります。そのため、校務支援システム構築を確実にし、かつ適正に把握されていることについて、日常的にチェックする体制を確立することも不可欠です。

また、教員は学内で処理できなかった校務を自宅に持ち帰って作業することを余儀なくされていることは、文部科学省が実施した「教員勤務実態調査」等により明らかです。持ち帰り残業、更には休憩時間が取得できなかった時間も含めて勤務時間を把握することが必要です。

校務支援システムによるタイムカード、ＩＣカードの記録は、全ての地方自治体で多忙な教師が記録しやすく使いやすいものとし、またシステム自体に各自治体で差異が無いよう、国が全体的なチェックを日常的に行い改善する体制の確立が必要です。

「教職員の長時間勤務の看過できない実態の改善」に向けて、「今できることは直ちに行う」という事で緊急提言の中に対策が挙げられていますが、それを実行する上で基本となる「教職員の長時間勤務の実態」について分析し、結果を公開し、更に改善を進めるべく共同の取り組みを進めるよう要望いたします。

2．全ての教育関係者が、学校・教職員の業務改善に確実に取り組むよう「周知義務」を遵守させてください

文科省、厚労省から多く出されている「業務改善に係る取組」に関する、法令や通知、およびガイドラインなどを、教育委員会、校長などの管理者が「十分な周知を図る」ことが、学校現場における業務適正化、改善、実行の前提とされています。

「法に基づく労働安全衛生管理体制の未整備は，法令違反」と明記されておりますことから、責任の所在が教育委員会、校長などの管理者にある事をしっかりと確認し、不幸にも過労死等が起こった場合にはその責任の所在を明らかにして下さい。

そして法令上の「周知義務」の遵守の事実を、すべての学校現場において確認することにより、法令違反の是正、周知義務の遵守を周知・指導して下さい。

3.「国として持続可能な勤務環境整備の為の支援の充実」が確実に遂行されているか、常に把握して改善する体制を構築すると共に、更なる具体的な対策を進めてください

・勤務時間意識を失わせている給特法の問題点
現在、学校現場は教職員のサービス残業（賃金不払残業）によって支えられていると言っても過言ではありません。

給特法に基づく教職員の勤務時間や給与は、労基法から逸脱した非常識なものとなっています。

その結果、教育委員会や校長ら管理者、更には教師自身にとっても勤務時間意識が失われ、過労死等を生じる法制度となっています。

長時間勤務の是正という点においても給特法の改正は不可欠です。
・新任教員に対する支援

新任教員にとって教育の仕事は生徒と向かい合い、その信頼関係を創り上げ、それに基づき教育指導を行う「感情労働」で、強いストレスを生じやすい勤務です。

教育に強い思いをもって教師となったにも拘らず、部活動、業務過多、初任者研修などで時間外勤務も大変多く、また生徒や保護者とのトラブルや、教育指導の困難さの壁にぶつかるなかでの心理的負荷で精神障害を発病し自殺に至る事件も少なくありません。同僚・先輩教員が余裕をもって新任教員に対する支援が出来るような職場環境にするため、人的整備をして下さい。

・学校の質の向上と安定的な運営が出来る環境を

教師の多岐にわたる業務の改善として、専科教員の増員、部活動外部指導員、スクール・スタッフ・アシスタント等の増員は、効果的になるものと期待しております。

さらに求めるならば、教育現場での質の安定が定着されるよう、正規教員、正規事務職員の定数増、少人数学級の実現などを行う事により、持続的な指導が維持されると同時に余裕を持った教育が出来るようにして下さい。また大規模校を中心とした支援員の配置を、一人で多くの校務分掌を抱える中小規模校にも広げていく事を願っています。

なお、「教員一人当たりの担当授業時数の軽減」に向けて小・中学校とも、それぞれの担当教員の充実が明記されていますが、これこそ過労死防止の根本と考えます。十分余裕を持った人数の配置をお願いします。

また、校長や副校長などの事務業務削減に有効な主幹教諭や事務職員の増員にあたり、その教職員が職務に専念できるように他の校務分掌などを削減し、余裕をもって学校運営体制の強化が出来るようにして下さい。

学校において行われている調査などについて、得られた結果を学校運営、教師の業務改善に活かすべく、きちんと分析し公開するように要望致します。

・学校における「部活動」の抜本的な見直しを

緊急提言では、「教員が健康でやりがいをもって勤務でき、教育の質を高められる環境を構築する事が必要」とされ、「教職員の長時間勤務の実態が看過できない状況」であり、「教育の質の確保・向上や社会活動を通じた自己研鎖の充実」からも「『学校の働き方改革』を早急に進める必要がある」としています。

しかしながら、長時間勤務の最たる原因である「部活動」についての現状と改善するべき具体案が何も示されていません。

「部活動」は教育課程外の活動と位置づけられているにも関わらず、学校長のお願いにより「強制的」に、教師が体験したことがない種目の顧問を命じられるなどの現状があり、全員顧問制を採用している学校の割合が、なんと二〇一六年度には八七・五%と高い割合で従事しています。その為に、教員は朝練、放課後練習など平日でも部活動によって数時間もの時間外労働を余儀なくされている上、練習、試合や遠征などで、週休日である土曜日、日曜日も児童生徒を公共交通機関などで引率、指導したり、指導方法や勝敗に対する保護者からのクレーム対応、事故対応などに起因する精神的負担は相当なものです。そして本来休息するべき時間が、出勤から帰宅まで一日中勤務するという肉体的負担を増長されている事は、教員が休みなく働かなくてはいけないとされている事と同じであり、休みの無い教育活動は過労死と隣り合わせになっております。

また部活動は本来、教員に命ずることが出来ない勤務外に主に行われており、不幸にも過労死等が起こった場合、「自主的な活動」として、その教員が行っていた部活動さえも「公務」として認められないという、教師の「健康でやりがいのある」活動をまさに否定するものであります。

この様な状態で当然のことながら、「部活動が負担」と考える教師は二〇一六年連合総研の調査によると、中学校で七四.五%、高校では七五%と大変高い水準になっております。

その為、「自己研鎖」の時間も当然無くなり、本来の仕事である「授業の質の向上」のための時間を十分確保することは困難になっています。そのことは、児童生徒にとっても好ましいことではありません。部活動により長時間労働が起こっている事は、文科省の調査でも明らかであり、心身共に疲労する最大の原因である部活動の抜本的見直しは、労働時間管理と並ぶ必要不可欠な「働き方改革」であると言えます。

緊急提言では「部活動指導員の配置促進に向けた体制の構築」を上げておりますので、是非現場で実際に部活動を指導している教員の声を直に聞いて頂き、部活動の実態を十分理解したうえで、国が部活動によって本来の教育活動が損なわれることのない様、教師が健康にやりがいを持って働けますようなしかるべき体制を構築する事が早急に必要です。「教育に関わる全員」がそれぞれの立場で見直す必要があると考えます。

・在職死亡、長期休職者の原因調査を

文科省の「学校教員統計調査」によれば、小・中・高校の教員の在職死亡による退職者は毎年五〇〇名以上となっています。

これに対し、脳・心臓疾患につき近年地公災に公務認定請求がなされた事案のうち公務上と認められた事案は、地公災基金の資料によれば以下のとおりです。

	請求件数	認定件数
平成二六年度	一三件	八件
平成二七年度	九件	一六件

（認定件数のうちには過年度に請求がなされた分も含まれる。）

請求件数は在職死亡の死因には多種あることを考慮しても一桁台と少数であり、これに対しその多くが公務上と認定されています。このことは公務上と認定され救済されるべき事案の多くが請求されないままとなっていること、並びに教師は「過労死ライン」を超えた勤務が日常化しており、高い割合で認定されていることを明らかにしています。

在職死亡や長期休業者につき、教育委員会や所属長（校長）が管理者として責任をもって勤務時間等の調査をし、遺族らが公務認定請求を行い易い助力を行うことは、遺族らの救済とともに過労死等を生じた原因の是正改善を行うためにも大切です。

在職死亡並びに長期休業の原因究明のための一斉調査が教育委員会等で取り組まれることを検討されますようお願い致します。

七　日本人の働き方について

二〇〇八年頃から、過労死防止法制定に向けての活動は集中的に行なわれたのですが、二〇〇五年、二〇〇六年にも大きな取り組みがありました。

1　厚生労働省への要請書

平成一七年七月七日
厚生労働大臣
尾辻秀久　殿

全国過労死を考える家族の会
世話人代表　新田笑子

日本の労働者の働く環境は年々悪化するばかりです。
長時間労働と不規則労働、そして過重なノルマのなかのストレスで心と身体の健康が損なわれ、過労死や過労自殺、うつ病等の精神疾患が急増しています。

昨年度の過労死を含む脳・心臓疾患などの労災申請数は八一六件（認定数は二九四件）、過労自殺を含む精神障害の申請数は五二四件（認定数一三〇件）にものぼり、このような労災請求の背後には、過酷な労働により家族を失った人達がどれほど多くいるか分りません。

一九八九年に名古屋で過労死の遺族らにより「過労死を考える家族の会」が結成されたのを皮切りに、大阪、東京、長野、金沢、北海道と各地に「家族の会」が作られ、一九九一年には、これ以上過労死を出さないようにという呼びかけのもとに「全国過労死を考える家族の会」が結成されました。以来、全国十数箇所の地方ごとにそれぞれ「家族の会」が労災申請や裁判に取り組む遺族、家族への支援を中心に活動しています。

私共「全国過労死を考える家族の会」では、毎年「勤労感謝の日」の前日に、厚生労働省に遺族の早期救済陳情に上がり、直接遺族の生の声をお聞きいただき、厚生労働大臣宛てには「遺族の訴え」とする要望書を提出してまいりました。

毎年真摯に受け止めていただき有り難く思って居ります。この声を今後も是非行政に生かして戴く様重ねてお願い申し上げます。

私たち遺族は、かけがえのない家族を過労の果てに亡くしました。

亡くなったその日から私たちは、「何故、死ぬまで働かなくてはならなかったのですか」と毎日問い続けています。そして亡くなった人の名誉の為に、その死を無駄にしない為に、声を上げ、労災の申請や企業を相手とする裁判で、業務による死亡と認めさせ、働く人の命と健康を守る企業の社会的責任を認めさせていくための大きな努力を重ねてきています。しかし労災認定や裁判勝利までの道のりは大変険しく、誰もが自分の身を削る思いのなかで進めています。もうこれ以上私たちと同じ思いの遺族を出さないよう、企業に対し、過労死を根絶させる為の有効な法整備とともに、行政措置を進めていただきたいと思います。

1．労働安全衛生法の一部を改正する法案について

この度「労働安全衛生法等の一部を改正する法案」が国会に上程されました。

今回の法改正では、過重労働・メンタルヘルス対策の充実という面から、労働安全衛生法を見直し、過労死や過労自殺、メンタルヘルス不全など、過重労働にともなう健康障害を予防することが目的とされています。しかし私たち遺族の立場からみれば、この法改正は、かえって働きすぎを助長し、より多くの過労死が起きるのではないかという危惧を抱かざるを得ないものになっています。

厚生労働省は二〇〇二年に「過重労働による健康障害防止のための総合対策」を通達し、事業者に対し、一ヶ月の残業が一〇〇時間を超えた労働者、または二ヶ月から六ヶ月の平

均でおおむね八〇時間を越える残業をした労働者には、産業医など医師による面接指導を受けさせる、月四五時間を超えるような月があれば、医師による健康管理についての助言指導を受けさせる措置を講じるよう指示しています。

改正案では「面接指導」の項が設けられ「厚生労働省令で定める要件」に該当する労働者に対し、医師による面接指導をおこなわなければならないとされています。ところで、この改正に先だって出された労働政策審議会の建議では、時間外労働が月「一〇〇時間を超え疲労の蓄積が認められるものであって面接指導にかかわる申し出を行ったものに対し、医師による面接指導を行うとともにその結果に応じた措置を講じなければならない」として「面接指導」の内容を提起しているのです。

このような建議による改正案が成立することによって「残業が一〇〇時間」を超えることと「労働者の申し出」によることが、「面接指導の要件」とされた場合の最大の問題は、残業一〇〇時間を超えて働く労働者が「面接指導」の申し出をしなかった場合、過労による死亡が安全衛生法による健康管理についての自己責任を問われることになるのではないかということです。労働者の申し出がなければ、企業には安全配慮の義務を負う必要がないかのような内容の省令を前提とする法律の改正はとうてい認められるものではありません。

過労死の認定基準では、残業が一〇〇時間を超えた場合には労災と認定されるものとされています。死亡の危険があるとされているような長時間労働に従事し、しかも労働者の申し出がなければ、医師による面接指導をしなくてもよいと解釈されるような法律の改正は、先に出されている「過重労働による健康障害防止のための総合対策」で求めている事業者が講ずべき措置とは全く相容れないものです。

私共「全国過労死を考える家族の会」では、改正すべき「面接指導等」の要件は、時間外労働を「月一〇〇時間を超え」とするのではなく、総合対策の通達にある「月四五時間」とし、「本人の申し出」を削除し、「月四五時間以上の時間外労働を行った労働者にたいし、医師の面接指導を受けさせる」とする省令をもって行われることを要請致します。

2．「労働時間の短縮の促進に関する臨時措置法」の一部改正について

今回の法改正の中では、「年間総労働時間一八〇〇時間」を目標とする労働時間の短縮の推進を図る法律の廃止が提起されています。これは、年間労働時間を一八〇〇時間とする時短促進の法律を、既に達成されたものとして廃止し、「労働時間等の設定の改善に関する特別措置法」としてあらたな法案が出されています。

今日、多くの企業ではパート社員が四人に一人という時代になっています。不安定、短時間の労働で働くパート社員がいる一方、極めて長時間の残業をして過労死寸前となって

いる正社員、そうした二極化している現状に目をつむり、それを一緒にした平均をもって、年間一八〇〇時間の労働時間が達成されているかのようにいうのは、あまりにも短絡的で欺瞞でもあります。

過労死・過労自殺を無くす為には、実効ある労働時間の規制、時間外労働への制限の措置が不可欠です。私共「全国過労死を考える家族の会」は「労働時間の短縮の促進に関する臨時措置法」が存続されることを切に望みます。

働き過ぎで命を奪われた人や残された遺族の無念な思い、悲しみを察して戴き、これ以上過労死を出さない社会の実現の為、私たち遺族の訴えに耳を傾けていただきますよう心よりお願い申し上げます。

2　厚生労働省への要請文

平成一八年一一月二二日

過労死をなくすために、「ホワイトカラー・イグゼンプション」の法制化に強く反対します

全国過労死を考える家族の会
会長　鈴木美穂

東京過労死を考える家族の会
大阪過労死を考える家族の会
名古屋過労死を考える家族の会
長野過労死を考える家族の会
京都職対連労災被災者家族の会
岡山過労死を考える家族の会
兵庫労災を考える家族の会
山梨過労死と労災問題を考える会

私ども、全国過労死を考える家族の会（以下、家族の会）は、過重労働が原因で、夫・妻・娘・兄弟・姉妹等を亡くした遺家族とその支援者の団体です。被災者の誰もが人一倍真面目に働いてきました。

家族の会結成以来二〇年近く、私どもは毎年「過労死」の根絶を願い、社会に対して訴え続けてきました。しかし、「過労死・過労自殺」は、減るどころか増加の一途をたどっています。

会の結成当時は四〇〜五〇代の働き盛りの脳・心臓疾患による死亡が多くを占めていま

したが、最近では厚生労働省や医師の間でもメンタルヘルス対策が問題になっているほど、二〇～三〇代の精神障害による過労自殺が増えつつあります。息子や娘が犠牲になり、年老いた父や母が、中には一家全員で私どもの「家族の会」に入会してきます。

このような現状を無視して、厚生労働省は緩みに緩んだ労働基準法の労働時間規制をさらに緩めようとしていることに、私どもは非常に危惧しております。

従来、わが国では労働賃金に表れないサービス残業が横行してきました。それに加えて近年「裁量労働・成果主義」が導入されたため、無制限に働かされた結果、過労死・過労自殺がますます増加してきております。

「日本版・ホワイトカラー・イグゼンプション」は、大半の労働者が労働時間の法的規制から外されると同時に、現在のサービス残業がさらに合法化されて、際限なく長時間労働をさせても残業代の支払い義務がなくなるという、企業にとってはまことに都合のよいシステムです。

これは、真面目に働く人たちの心と健康を破壊し過労死・過労自殺等の増加に一層拍車をかけ、幸せな家庭生活をも奪うもので、非常に危険な法律です。

私どもはけっしてこれを容認することはできません。

家族の会は、労働基準法が定めている、「一日八時間・週四〇時間制」の労働時間を企業に必ず守らせて欲しいのです。

①労働基準法、労働安全衛生法を、企業に、忠実かつ厳格に守らせて下さい。

②労働基準法の「改正」をはじめ、一日八時間労働制をなし崩しにし、無制限に長時間労働を強いる「ホワイトカラー・イグゼンプション」の導入に反対します。

③過労死・過労自殺を出した企業に対しては、社名を公表するとともに厳罰を科してください。最低限、労働基準法違反に対しては罰則を設けてほしいのです。

④労働災害による被災者とその遺家族が泣き寝入りさせられることのないよう、過労死・過労自殺の認定基準の緩和と早期認定及び救済とを強く要求します。

3 「ホワイトカラー・エグゼンプション」の法制化について

二〇〇六年一二月五日、日比谷野外音楽堂で「ホワイトカラー・エグゼンプションの法制化反対」の訴えをしました。第一次安倍内閣の時です。この年、安倍内閣は「労働時間規制の新たな適用除外制度(日本版エグゼンプション)の導入の法案を国会に提出しようとしたため、全国家族の会は過労死促進法だとこぞって反対し、諸労働組合と協力して丸の内周辺や各地で、ビラ撒き・アピール行動をしました。全国一斉行動の日には、厚労大臣に反対の要請書を提出しました。その後、佐久間弁護士のご指導のもと、教員の働き方にも関係するという事から私の訴えになった訳です。その日は朝から寒く、日比谷野外音楽堂に集まった何百人もの前で話すことは初めてだったので、寒さと緊張とでガタガタ震えながら、それでも、働く人々の命を守るために必死で訴えたのでした。

これら一連の猛反対行動のため、とうとうこの法案は提出できず、見送りになりました。

① 日比谷野外音楽堂での訴え

労働時間規制の撤廃反対！　人間らしく生きるための労働契約法制を！

日本版エグゼンプション導入反対一二・五集会（訴え文）

二〇〇六年一二月五日

東京過労死を考える家族の会　中野淑子

皆さん、こんばんは！

只今ご紹介頂きました「東京過労死を考える家族の会」の中野でございます。

きょう一日、目一杯働いてお疲れでしょうに又この反対集会に足を運ばれ、本当にご苦労様でございます。

私たち「全国過労死家族の会」は結成以来二〇年近く、「過労死」をなくそうと、厚生労働省や企業社会に訴え続けてきました。にもかかわらず、「過労死」は減るどころか益々増え、最近では、二〇～三〇歳代の「過労自殺」も年々増加し、若い人を失った遺族が入会してくることに心を痛めております。

昨年「労働安全衛生法の一部」が改悪されたばかりなのに、またまた追い討ちをかけるように、「日本版エグゼンプション」という恐ろしい制度が導入されようとしています。「過労死家族の会」としては、この「過労死促進法」ともいえる悪法を絶対に容認する訳にはいきません。なんとしても阻止しなければならないと、じっとしておられず、皆さんに訴えたくて、ここに参りました。

私事で恐縮ですが、私の夫は公立中学校の教師でしたが一八年前、過労死しました。思えばこの「日本版エグゼンプション」によって殺されたのです。つまり教師の労働は、今回の提案である「労働時間規制の新たな適用除外制度、いわゆる「自由度の高い働き方にふさわしい制度」に適合するからです。

教師は、その職務の性質上校長から具体的な指示も受けず、労働時間管理も受けていません。ですから、「生徒のためにいくらでも自主的に仕事をしてもいいですよ。それでも、残業手当はつきませんよ。」ということなのです。勤務時間中は授業と生徒指導で手一杯ですから、事務的な仕事はすべて家に持ち帰ってやります。生徒の指導を真剣に考えれば考えるほど、仕事は無定量に広がり、休日も返上、学期末などは徹夜になることも稀ではありません。

それでも、残業手当は出ません。

夫は校務主任という、いわば中間管理職的立場でしたが、裁量など全く利かず、高校進学資料をパソコンに打ち込み、夜中も休日も家庭残業が続きました。そして、次第に疲労とストレスが蓄積して、転勤九か月にして「くも膜下出血」を発症し、死亡しました。

翌年公務災害の申請をしましたが、「家に持ち帰った仕事は校長が命令したものでない

上―二〇〇六年一二月五日
ホワイトカラー・エグゼンプション導入反対集会：日比谷野音
下―二〇〇六年一二月二〇日
ホワイトカラー・エグゼンプション導入反対：国会前

から、校務とは認められない」と言う理由で、「公務外」になってしまったのです。その後、支部審査会で認定になりましたが、現実に、教員の過労死・過労自殺・メンタル疾患は年々増えているのに、認定は年々減っているのです。

皆さん！これと同じような事が、今後多くの労働者に法的に許されることになるのです。「自律的労働」「自由度の高い働き方にふさわしい制度」「仕事と生活のバランスを実現するため」とか、非常に耳に優しいことを言っていますが、どんなに表現を変えようと、その中身は、長時間労働を拡大し、不払い残業を合法化しようとする以外のなにものでもありません。行き着く先は「過労死・過労自殺」の激増、労災認定率の激減です。

労働者を守るための規制は「緩和」ではなく、逆に「強化」し、きちんと監督すべきです。労働基準監督署はその為にあるのではないのですか。

労働条件分科会の素案では、『過労死防止や少子化対策の観点から』などといっていますが、どうしてこうもずれているのでしょう。それを言うならば、長時間労働を規制し、ゆっくりと家族で夕食が摂れるような、経済的にも時間的にも豊かな家庭生活の基盤を整備することこそ先決なのではないのでしょうか。小手先だけの対策では、問題は解決しないのです。

私たちはこれ以上いじめられたくありません。大企業減税、庶民増税で搾り取って、更に命までをも搾り取ろうとする人たちが、生徒のいじめや自殺問題を云々する資格があるでしょうか。

私たちは、楽しく働いて、幸せになりたいのです。幸せになりたくて一生懸命働いた代償が過労死・過労自殺なんてあまりにも悲しすぎます。

私たち遺族の悲しみをこれ以上、他の方々に及ぼしたくはありません。

「過労死家族の会」など、本来あってはならないのです。

つい先日「教育基本法案」も「防衛庁の省への昇格法案」も、充分な審議もせず、マスコミの報道もなく、世論も無視して、数の暴力で衆議院を通してしまいました。「日本版エグゼンプション」も全く予断を許しません。ですから皆さん、国会に上程される前に、なんとしても私たちの力で阻止しようではありませんか。人間の命と健康を守り、人間らしく生きるため、私達「家族の会」も微力ながら力を尽くしていきます。共に頑張りましょう。

②「日本版エグゼンプション」の導入に強く反対します

二〇〇六年一二月一一日

中野淑子

・被　災　者　中野宏之（夫　五二歳）公立中学校教諭　校務主任
・被災の経過　一九八七年一二月二二日　校内で脳動脈瘤破裂によるくも膜下出血発症
一九八八年一月一日　病院集中治療室にて意識回復せぬまま死亡
・認定までの経過
一九八九年　二月　地方公務員災害補償基金千葉県支部に公務災害申請（当時、千葉県在住）
一九九〇年一二月　基金支部にて公務外となる
一九九二年　八月　支部審査会にて公務上認定

教職員の職務の性質

私の夫は、まさに「日本版エグゼンプション」によって過労死させられたと思います。なぜなら、中学校の教員として残業代が支払われない制度のもとで無制限に働かざるを得なかった夫の労働実態が、今回労働条件分科会で提案されている労働時間規制の新たな適用除外制度である「自由度の高い働き方にふさわしい制度」に全く適合するからです。

教諭はその職務の性質上校長などの管理職から具体的な指示を受けず、労働時間管理も受けていないのが実態です。「公立の義務教育諸学校等の教育職員の給与等に関する特別措置法」（以下「給特法」と言う。）により、臨時の必要がある場合の時間外・休日労働が許容され、更に、給与月額の四％に当たる調整額と引き換えに、時間外勤務手当て及び休日勤務手当ては支給されません。「給特法」があるゆえに、三六協定もないままに、まったく無制限に夫は残業を強いられていましたし、現在の教員も長時間の残業に従事しています。

教員の業務と労働時間管理

特に教諭は、勤務時間中は授業と生徒の指導で手一杯である為、昼食事もその後も生徒の指導で休む暇などありません。したがって、教材研究・テスト問題の作成とその処理・ノートの点検・父母の帰宅を待っての家庭訪問・非行問題の処理・さらに中学三年担任ともなるとこれに受験指導・その資料の作成などなど、ほんの一例ですがこれらはすべて時間外の仕事になります。学校で、勤務時間内では終わらないのです。まして、生徒のためにこんな指導もあんな指導もと、創意を凝らし熱心で愛情溢れる真面目な教師ほど仕事量が増えていきます。そして、家庭への持ち帰り残業が増え、学期末・学年末など休日残業はもとより翌朝に仕事を持ち越すことも稀ではありません。校外学習などの場合は夜中でも生徒の事故を気遣って巡視をします。夫は、そういう学級担任の忙しさを見るに見かねて成績の処理・高校進学資料のデータを、パソコンで休日も夜中も打ち込んでやっていました。それでも、「給特法」がある故に残業手当は一切つきません。そして、校長は勤務時間を管理する義務を負わないのです。

夫の職務内容

さらに、夫の分掌は「校務主任」という、いわば教頭の補佐役のような立場でしたから、教頭の隣の席に座り電話の取次ぎをしたり業者との応対をしたり、教頭から生徒に命令するような細かい指示を受けながら……次第にストレスを募らせていきました。加えて・校舎内外の補修・安全指導と点検・生徒の納付金の会計などの雑務プラス英語の授業それに伴う諸々の処理・教材教具の研究・さらに研究校の体制作り……など等心身ともに疲労困憊し、「たったの一年で気が引けるが転勤希望を出したい」「登校拒否の生徒の気持ちがわかる」などと愚痴をこぼすようになり、その朝娘に手を引っ張られて起き上がり、出勤して学校で倒れました。

夫のような職務内容でも、現実に民間の職場の中では、エグゼンプションの対象となる「業務上の重要な権限及び責任を相当程度伴う地位にある」と評価されるのではないでしょうか。

支部審査会での公務災害認定

地方公務員災害補償基金千葉県支部では、このような労働実態に対して、校長が命令もしていない仕事を勝手にしたのだからどれほど長時間労働をしても校務ではない、勝手にくも膜下出血を発症して勝手に死んだのだ、と言わんばかりに「公務外」と認定しました。しかし、支部審査会では家庭での持ち帰り残業時間や勤務実態などを考慮され「公務上」と認定されました。

夫は公務上の災害と認定されましたが、労働時間管理がなされていなければ、長時間労働を立証できず救済されない過労死事件も出てくるのではないでしょうか。

データ（時間外業務実態とメンタル実態）**から**

去る一一月二四日文部科学省が公表した公立小中学校の教職員を対象にした勤務実態調査の暫定集計（七・八月分）によると超過勤務は約八〇時間で、これは過労死ラインに相当することを示しています。また、財団法人労働科学研究所が設けた「教職員の健康調査委員会」調査結果によると、昨年一一月実施の回答から「抑うつ感」が強いとされる男性教師は他職種と比較して一・八倍に達し、「身体愁訴」の強い人も一・六倍に上るとのことです。また、肉体的に負担が大きいと感じる人は男女とも四倍弱に上るそうです。

地方公務員の認定率

平成一三年一二月、地公災基金の認定指針の基準が緩和されたにもかかわらず、「脳・

心臓疾患事案」・「自殺・精神障害事案」ともに認定率は年々減少しています。厚生労働省の発表を見ても、民間企業に比べて、地方公務員の認定件数や認定率はあまりにも低いのです。これは、教員を初めとする地方公務員の労働時間数が正確に記録されないことからくる悲劇なのです。

終わりに

ことほど左様に、ホワイトカラー労働者の典型例ともいえる夫の過労死は、「日本版エグゼンプション」導入の危険性を如実に物語っています。「自由度の高い働き方にふさわしい制度」は、まさに「過労死促進法」です。

「一層の自己実現や能力発揮が出来るように、緩やかな管理の下で自律的な働きが出来るように、労働時間では成果を適切に評価できない」などと、たいへん耳に優しい文言が並べられ「自律的労働にふさわしい制度」とか、「自由度の高い働き方にふさわしい制度」と名称が変わっていきますが、どんなに言葉を変えようとも、中身は労働者を、対価としての賃金も払わず、無制限に働かせようとする一部資本家と使用者にとって都合の良い制度以外の何ものでもありません。それを、合法化しようとしているわけです。裁量もかなわず、忙しさに追われて心身ともに疲労困憊していて、どうして自律性や創造性が発揮できるでしょうか。成果が上げられるでしょうか。

このような制度が適用されれば、過労死激増に一層の拍車がかかり、労働時間の明示もないことから労災認定も、ますます困難になることは明らかです。時間的にも経済的にもゆとりのない家庭生活からどうして安心して子どもを産み育てることが出来ましょう。少子化対策の根本は、安定した雇用条件と経済的基盤が確立された、ゆとりある家庭生活が営めるような条件整備をすることにあるのではないでしょうか。

お願い

これ以上労働者を苦しめないでください。この、政府一連の「いじめの構造」・競争主義が、労働者だけでなく、子どもたちや教育現場までをもゆがめていることに思いを至らせてください。どうぞ労働者を楽しく働かせてください。そして、豊かな人間らしい生活を営ませてください。私たちは楽しく働き、幸せになりたいのです。大切な人が働き過ぎて命を落としたがため、悲しい遺族が更に増えるなどということは本当に辛いことです。私たちの気持ちをどうぞお汲み取りの上、今回の「日本版エグゼンプション」である「自由度の高い働き方にふさわしい制度」の導入をきっぱりと撤廃して下さいますよう切にお願いいたします。

③　朝日新聞への投稿

この原稿は、朝日新聞の「私の視点」欄に投稿したものですが、編集者と何度かやり取りをしている間に、法案提出が見送りになり、結局掲載されずじまいでした。残念！でも、この制度の導入を阻止できたことは何物にも代えがたい、運動の成果として大いに喜ぶべきことです。結束は強い。

私の視点　「残業代ゼロ」

中野淑子「全国過労死を考える家族の会」会員

私の夫は公立中学校の教師で、学校内外の施設管理などで教頭を補佐する校務主任だったが、八七年、くも膜下出血を発症し、五二歳で死亡した。

夫は死亡直前、学年の生徒の成績や高校進学資料をパソコンに打ち込み、期限に間に合わせるために夜中も休日も家庭への持ち帰り残業を続けた。結果的に労働時間の制限がなくなったのである。亡くなった日、夫は疲労困憊した体を引きずるようにして出勤し、帰らぬ人となった。

すぐに公務災害の申請をしたが、二年後、なんと「校務ではない」と認定されたのである。

理由は「家での仕事は校長が命令したものでないから」という非情なものだった。その後、不服申し立てによって、ようやく公務災害と認定された。

私はその過程で、過重労働が原因で家族を失った遺族の団体「過労死を考える家族の会」に参加した。それはなによりも「私たちの悲しみを他の人々に広げたくない」という思いがあったからだ。勤労感謝の日の前日、こうした思いを多くの仲間たちと街頭で訴える活動を続けている。にもかかわらず、「過労死」は増加の一途をたどり、最近では、二〇〜三〇歳代の「過労自殺」も年々増え、切ない限りである。

そんな状況に追い打ちをかけるように、一定年収以上の会社員の残業代をゼロにする「日本版ホワイトカラー・エグゼンプション」法案が次期通常国会に提出される。私はこの法案が「残業代の抑制」である以上に「過労死」を促進しかねないものと危惧している。

厚労省案では「自由度の高い働き方にふさわしい制度」「仕事と生活のバランスを実現する」などの優しい言葉が並んでいる。だが、公立学校の教員はそれ以前から「労働時間で評価できない働き方」とされ、残業代の支払い対象から外されてきた。その意味で、夫の死は「エグゼンプション」を適用された働き手に何が待っているかを示す実例といえる。

人員が減り、仕事量が増え続ける今の職場で、押し寄せる仕事を断れる「自由度の高い」働き手などいるのだろうか。また、一定の年収以上の働き手に限るとの案もあるようだが、年収が高ければ過労死するような長時間働いてもいいということなのだろうか。

まして、この基準がいったん下げられれば、かなりの働き手が労働時間の規制なしで働かねばならず、企業はこれらの働き手が何時間働いたかの実態把握さえ免除されることになりかねない。

私たちは人間として楽しく働き、幸せに生きたい。幸せになりたくて一生懸命働いた代償が過労死・過労自殺とは悲しすぎる。人間の生活を掘り崩す「日本版ホワイトカラー・エグゼンプション」の導入の再考を強く求めたい。

4 「働き方改革」による労働時間規制緩和に対して

多くの方々の取り組みによって「日本版ホワイトカラー・エグゼンプション」の導入は阻止することができましたが、「高度プロフェッショナル労働制」と名を変え、さらに「企画業務型裁量労働制の拡大」も加わった過労死・過労自殺を拡大する労働時間規制を緩和する動きが再び出てきました。それに対しても取り組んでいきました。

① 労働時間規制の根幹を覆す「プロフェッショナル労働制」に反対します

二〇一五年二月五日

過労死等防止対策推進全国センター
代表幹事　森岡孝二、寺西笑子、川人　博

1．「高度プロフェッショナル労働制」とは

厚生労働省に設置された労働政策審議会の労働条件分科会は、本年一月一六日、①働き過ぎ防止のための法制度の整備、②フレックスタイム制の見直し、③裁量労働制の見直し、④特定高度専門業務・成果型労働制（高度プロフェッショナル労働制）の創設等を盛り込んだ報告書骨子案を示しました。

このうち④は、「時間外・休日・深夜の割増賃金の支払義務等の適用を除外した新たな労働時間制度」（骨子案）とされ、一定範囲の正社員を対象に、労働基準法の時間規制を外し、時間外・休日・深夜を含め残業という概念自体をなくすものです。これが導入されると、使用者は三六協定を締結して時間外・休日労働を命じることなく、労働者を無制限に働かせることができるようになります。これは第一次安倍内閣のとき「残業代ゼロ法案」として強い社会的批判を受け国会提出が見送られたホワイトカラー・エグゼンプション法案の

焼き直しにほかなりません。

2．成果賃金制度ではなく固定賃金制度であること

時間ではなく成果で支払うといわれていますが、今回導入されようとしているのは、成果主義賃金とは別物の固定賃金制です。基準となる労働時間が決まっていて超過時間数に応じて一定の割増率で残業代を支払う現在の時間賃金制を否定して、あらかじめ決められた額しか支給しない固定賃金制に変えるものです。

3．対象業務の拡大の危険

対象業務にはディーラー、アナリスト、コンサルタントなどが例示されていますが、実際は専門業務や企画業務が広く対象とされ、現在過労死等が多発しているＩＴ産業のＳＥなども対象になる可能性があります。

4．年収要件の切り下げの危険

年収一〇七五万円以上という要件は「一部の高所得者だけが対象」との印象を与えますが、いったん導入されると政令でどんどん下げていくことが可能です。日本経団連は以前のホワイトカラー・エグゼンプションの提言では、年収四〇〇万円以上の労働者を対象にすると想定していました。今回の新制度についても、経団連の榊原会長は昨年六月時点で、「全労働者の一〇パーセントぐらいは適用される制度」にするよう要求しています。いったん制定されれば、年収要件が引き下げられていくことは必定です。

5．長時間労働・健康悪化の歯止めがないこと

政府は「本制度の適用労働者については、割増賃金支払の基礎としての労働時間を把握する必要はない」としながら、新制度がいっそうの長時間労働を招く心配を否定できないために、新たに「健康管理時間」や「休息時間」などの長時間労働の防止措置を講ずると言っています。しかし、これらは実効性が疑わしいうえ、具体的な時間数については法案成立後に「審議会で検討して省令で規定する」とされ、過労死防止の歯止めになる保障はまったくありません。

6．働き盛りの三〇代、四〇代に過労死激増の恐れ

高度専門業務に携わる労働者は、専門的・管理的職業従事者が多いと考えられますが、厚労省の過労死等の労災補償状況に関する資料によれば、専門的・管理的職業従事者のあいだでは、過労死・過労自殺が多発しています。二〇一三年度の過労自殺（精神障害）に係わる労災請求では、専門・管理職が全体の二六％（一四〇九件中三六五件）を占めています。また、年収が一〇七五万円以上の労働者の多くは三〇代後半から四〇代と考えられますが、この年齢層のホワイトカラーのあいだでは過労死と過労自殺が多発しています。

7．「プロフェッショナル労働制」導入に断固反対する

私たちは、過労死をなくしたいという願いから過労死防止法の制定に取り組み、法制定後は過労死防止対策の推進に全力を尽くしていますが、この「プロフェッショナル労働制」は過労死防止法に逆行して過労死を広げるものであり、断固として反対するものです。

② 過労死・過労自殺を増やす企画業務型裁量労働制の拡大に反対します

二〇一五年三月一七日

過労死防止全国センター
代表幹事　川人　博、寺西笑子、森岡孝二

わたしたちは昨年六月に過労死等防止対策推進法（過労死防止法）が成立したことを受けて、過労死・過労自殺の防止に取り組んでいる民間団体です。

現在、安倍内閣は、「高度プロフェッショナル制度」と「企画業務型裁量労働制の拡大」を柱に、労働時間制度の大幅な規制緩和を強行しようとしています。わたしたちはすでに前者に対しては、一定範囲の正社員を対象に、残業代なしに、時間外・休日・深夜の別なく、労働者を無制限に働かせることができる制度であって、過労死・過労自殺を増加させ

る恐れが大きいという理由で、反対声明を発表しています。後者についても、私たちは現状でも同制度の適用労働者の過労死・過労自殺が後を絶たないことから、あらためて反対意思を表明するものです。

今回、営業職などに裁量労働制を大幅に広げることは、ますます過労死、過労自殺を増加させる危険性が極めて高い上に、この対象者は、年収要件もなく、年収二〇〇万円でも対象になり「高度プロフェッショナル制度」よりはるかに対象者も多いと予想されます。

裁量労働制とは、業務の遂行方法が労働者の裁量に委ねられているという理由で、労働時間の計算を実労働時間ではなく、みなし時間によって行う制度です。これには「専門業務型」と「企画業務型」の二種類があります。今回、労働政策審議会で労働者代表委員の反対を押し切ってまとめられた骨子案では、「企画業務型裁量労働制」の対象業務が、従来の企画、立案、調査、分析を行う労働者にとどまらず、その実施状況の「管理・評価」を行う労働者、および「営業」（商品の販売又は役務の提供に係る当該顧客との契約の締結又は締結を行う業務）を行う労働者に拡大されることになっています。

しかし、現在でも運用の実態をみると、業務にほとんど裁量性がなく、過大な仕事量を与えられて長時間の拘束的勤務を余儀なくされている労働者にも裁量労働制が適用されています。また、実労働時間はみなし労働時間を大きく超えているのが現実です。現行の企画業務型裁量労働制に関する厚生労働省の資料によると、適用労働者の一日当たりの実労働時間が八時間以下の割合は一九・一％にすぎず、八時間以上が八〇・七％を占め、八・八％の労働者は一二時間以上働いています。実労働時間の把握は二一・六％が「自己申告制」、四二・六％が「不明」となっていて、「タイムカード・ICカード」と「PCログイン・ログアウト」よる把握は、二つを合わせても三四・一％にとどまっています。企画業務型裁量労働制の適用を受けている労働者の間では「労働時間が長い」あるいは「業務量が過大」であるという不満が多いというデータも示されています。

現行制度でもこういう問題があるうえに、今回新たに対象にされようとしている「管理・評価」業務は、定義がきわめてあいまいで、企業の中枢だけでなく末端や現場で管理・評価に携わる広範囲の労働者に適用される可能性があります。また「営業」業務は、これまで対象外とされてきた個別の営業活動を行う労働者にまで広げるもので、膨大な数の営業従事者に適用される恐れが大きいと考えられます。

裁量労働制が適用されている労働者については、労使協定であらかじめ定められた時間だけ労働したものとみなされ、みなし時間を超えて長時間労働を行っても「毎月勤労統計調査」の実労働時間には適正に反映されないという問題があります。そこにもってきて、企画業務型裁量労働制が拡大されれば、今でさえ十分にできていない労働時間の適正な把握がますます困難になり、労働時間統計の正確性が著しく損なわれ、賃金不払残業をいっそう深刻化させる心配があります。

そのうえ、対象労働者に対する健康確保措置は、当該労働者に対する有給休暇（年次有給休暇を除く）の付与、健康診断の実施を言っているだけで、それぞれの内容は法律が通った後に厚生労働省令で定めことになっています。しかし、こういう羊頭狗肉の措置では長時間労働の歯止めにはならず、ましてや過労死・過労自殺を防止する保証にはなりません。

以上の理由から、わたしたちは、「高度プロフェッショナル制度」だけでなく、「企画業務型裁量労働制の拡大」についても強く反対します。

③「三六協定の記載例」について申入れ

1．申入書の要旨（二〇一九年七月二二日送付）

本年四月、「働き方改革一括法」により、三六協定の上限規制が労働基準法に定められました。この上限規制にもとづき、厚生労働省のホームページでは、「36協定届の記載例（特別条項）」（以下、「記載例」といいます）が示されていました。

この「記載例」では、一箇月に延長することができる「法定労働時間を超える時間数と休日労働の時間数を合算した時間数」として、九〇時間〜八〇時間が記載され、その回数も年六回としています。

また、一箇月に延長することができる「所定労働時間を超える時間数と休日労働の時間を合算した時間数」としては一〇〇時間あるいは九〇時間が記載され、その回数も年六回とされています。

厚生労働省の定めた過労死の認定基準は、「発症前一か月間におおむね一〇〇時間」あるいは「発症前二か月間ないし六か月間に月当たりおおむね八〇時間」を超える時間外労働が認められるときは、原則として業務と発症との相当因果関係を認め業務上認定と定めており、月八〇時間の時間外労働が「過労死ライン」との社会的認識が定着しています。

「記載例」は、「働き方改革一括法」で定められた三六協定のほぼ上限にもとづくものであるとともに、過労死ラインに達する長時間労働を認める内容となっています。過労死等防止対策推進法が制定された下で、多くの事業場では三六協定の是正のための努力が重ねられています。「記載例」は、過労死を防止するどころか、それを容認するものであり、各事業場で取り組んでいる過労死ラインを超える三六協定の是正の努力に反するものと言わざるを得ません。

過労死防止を悲願としている当会としては、厚生労働省がこのような「記載例」をホームページで事業場向けに示していることに対し、抗議するとともに、労働基準法一条が定めるとおり「労働者が人たるに値する生活を営む」ことができる三六協定を事業場が締結するよう、強く指導することを求めます。

2．厚生労働省の回答（同年八月二二日）

申入れ一ヶ月後に見直しがおこなわれ、一年の時間外労働時間数の上限である七二〇時間を一箇月に按分した六〇時間／月を目安とした時間数に修正し近日中に厚労省ホームページ等で差し替え、パンフレットなど他の媒体にも増刷分から、順次修正版に統一していくことになりました。

【過労死防止活動のあゆみ】（全国過労死を考える家族の会ニュース〈「家族の会ニュース」と略記〉に依る）

家族の会	中野	弁護士（団）	厚生労働（労働）省、他
一九八七（昭和六二）五一歳	●一二月二二日　夫・宏之、勤務中にくも膜下出血を発症		●脳・心臓疾患の労災認定基準の改訂〈直前〈当日または前日〉から発症前一週間の過重負荷へ〉―災害主義から過重負荷主義へ
一九八八（昭和六三）五二歳	●一月一日未明　夫一〇日間昏睡状態のまま死亡●八月一三日　岡村親宜・望月浩一郎両弁護士に相談、依頼●八月二四日「中野先生の公務災害認定をすすめる会」結成（船教組中心）●弁護士から数回に及ぶ指導を受ける。●資料集め開始・署名、カンパ、訴え活動開始	●六月　過労死一一〇番全国ネット第一回実施●一〇月　過労死弁護団全国連絡会議結成・全国一斉過労死労災申請	
一九八九（平成元・昭和六四）五三歳	●二月一〇日　地公災基金千葉県支部に申請書類提出●八月　自治省に交渉●一〇月　発熱入院（膠原病の疑いで一か月）●各地に訴えビラ撒き●一〇月　基金支部へ署名提出（九一六八筆）●各地に署名訴え●一二月　基金本部要請	●六月　過労死弁護団編で初の出版『過労死』	

	家族の会	中野	弁護士(団)	厚生労働(労働)省、他
一九九〇(平成二) 五四歳	●五月一二日「東京過労死を考える家族の会」結成(代表世話人:馬淵郁子さん・八木光恵さん、顧問:川人博弁護士)、飯田橋セントラルプラザ●一一月 国会議員要請、地公災基金本部要請	●家族ビラ作成●再度カラー版家族ビラ作成・各地で訴え●二月 朝日新聞掲載●三月 基金支部交渉●六月 基金本部要請●九月 基金本部要請●一〇月「東京かちとる会」結成●一二月一八日 基金支部交渉●一二月二〇日「公務外」と決定●「東京家族の会」の世話人となり規約作成に係る	●三月 一一〇番事件初の労災認定●六月 全国四七か所で過労死一一〇番実施●一二月 過労死弁護団編で『KAROSHI国際版』英語版出版	
一九九一(平成三) 五五歳	●一一月二二日「全国過労死を考える家族の会」結成(顧問:川人博弁護士、事務局:文京総合法律事務所内)、飯田橋セントラルプラザ●一一月二五日『日本は幸福か―過労死・残された五〇人の妻たちの手記』発行(教育資料出版社)	●一月「すすめる会」緊急会議●二月「勝ちとる会」準備会●二月 審査請求書提出・各地で訴え●「勝ち取る会」結成●『日本は幸福か』の編集に馬淵郁子さん・永山美恵子さんと携わる●「全国家族の会」の規約作成		
一九九二(平成四) 五六歳	●一一月「全国過労死を考える家族の会」全国統一行動(午前:労働省要請・国会要請・経済団体要請、午後:定期総会、交流会、夜:過労死を考えるつどい)以後毎年勤労感謝の日の前に実施●一二月九日 参議院労働部会女性議員と懇談	●一月三日 第六回(最終)審査会●二月、五月 駅頭やメーデーで訴え●七月 県総務課へ要請●八月一八日「公務上認定」となる●九月一七日付け新聞に掲載		
一九九三(平成五) 五七歳	●五月二五日「過労死をなくし、家族を支援する夕べ」(東京地評主催)、九段会館●一一月一九日 全国統一行動(午前:労	●東京家族の会ニュースの編集担当になる		

働省交渉—認定基準は妥当との見解、午後～定期総会、交流会、夜～過労死を考えるつどい—記念講演:佐高信氏)●九月一五日　東京家族の会ニュース第一一号発行(手書き)

一九九四（平成六）五八歳

●二月「全国ニュース第六号」発行。手書きで新聞の切り抜きを貼り付けて編集(名古屋担当)●一一月一九日　全国統一行動(午前:労働省交渉、過労死認定基準改定を求める署名提出(三〇、三一九筆)、午後～定期総会

●二月　脳梗塞発症→休職、緑内障や顎関節症等変調が起きる

一九九五（平成七）五九歳

●顧問交替:川人博弁護士から玉木一成弁護士へ、事務局:東京駿河台法律事務所内に移動

●三月　船橋市立二宮中学校退職●『コンドルは翔んでゆく—中学校教師の過労死認定闘争の記録』出版

●脳・心臓疾患の労災認定基準の一部改定(一週間以前の蓄積疲労→総合的判断、ストレス→因果関係を認める)

一九九六（平成八）六〇歳

●「全国家族の会ニュース」第九号発行(編集担当、大阪)●一一月二二日　全国統一行動(午前:労働省交渉、午後:定期総会、夜:第九回「過労死を考えるつどい」職対連・民医連●家族の会など三六団体で実行委員会構成、国労会館、各界の著名人六八名から賛同と賛助金が寄せられる

●四月「自殺過労死一一〇番」全国相談●一一月「団体生命保険一一〇番」全国相談

●異例の対応—労働時間の適正化を企業側に喚起●「労働者災害保険法等の一部を改正する法律案」について

一九九七（平成九）六一歳

●一一月二一日　全国統一行動(午前:労働省交渉、一二:〇〇～労働省周辺でビラ撒き、午後:総会・交流会、夜:過労死を考えるつどい)●一一月二五日『死ぬほど大切な仕事ってなんですか』発行(教育資料出版社、執筆者四八名)●東京家族会ニュースより—「過労死」一層深刻化、労災認定は申請の

●『死ぬほど大切な仕事ってなんですか』の書籍編集に馬淵郁子さん・永山美恵子さんと携わる

年	家族の会	中野	弁護士(団)	厚生労働(労働)省、他
	一五%			
一九九八（平成一〇）六二歳	●一一月二〇日　全国統一行動(午前：労働省交渉、一二：〇〇労働省周辺でビラ撒き、午後：総会・交流会：文京区民センター、夜：過労死を考えるつどい「勤労感謝の日を前に過労死を考えるつどいアピール」採択。記念講演：増田玲子氏)		●六月　過労死一一〇番全国ネット創設から満一〇周年●一〇月　過労死弁護団全国連絡会議結成満一〇年	●「自殺過労死」認定見直しで検討会―精神障害に係る労災申請年々増え(一三件)、内自殺(一一件)で最多。(全国ニュースより)
一九九九（平成一一）六三歳	●三月二四日～二九日、国連人権委員会に要請(石川県労災認定を求める家族の会を中心とする一行、杉浦さん他数名)、世界の中の日本の労働実態を明らかにし、労災遺家族の救済を訴える。「全国家族の会」の要請文を提出●一一月一九日　全国統一行動(午前：労働省交渉、一二：〇〇～労働省周辺でビラ撒き、午後：総会、交流会、夜：過労死を考えるつどい)、文京区民センター	●全国家族の会の会計監査を務める		●自殺、精神疾患等の労災認定基準が制定(人事院七月、労働省九月)●働くもののいのちと健康を守る全国センター設立総会
二〇〇〇（平成一二）六四歳	●一一月二二日　全国統一行動(午前：労働省交渉、一二：〇〇労働省周辺でビラ撒き、午後：定期総会一部規約改正、夜：第一三回「過労死を考えるつどい」、記念講演―荒巻瑞枝さんの「一人芝居〈星逢ひ〉」)●電通(大島さん)過労自殺最高裁判決	●家族の会東京代表となる	●三月　電通過労自殺事件最高裁判決、原告全面勝訴●九月　過労死弁護団編『激増する過労自殺』出版	●脳・心臓疾患の労災認定基準―最高裁の二判決受け緩和作業に着手(しんぶん赤旗一一月二六日付)
二〇〇一（平成一三）六五歳	●一一月二一日　全国統一行動(午前：労働省交渉、一二：〇〇～労働省周辺でビラ撒き、夜：第一四回「過労死を考えるつど			●脳・心臓疾患の認定基準の改訂(直前一週間から六

い」）

カ月間、月八〇時間を超える長時間過重労働なども対象に）

二〇〇二（平成一四）六六歳

●一一月二二日　全国統一行動（午前～厚労省交渉、一二：〇〇～厚労省周辺ビラ撒き、午後～定期総会、交流会：労働スクエア東京、夜～「過労死を考えるつどい」）●代表世話人交替（東京の永山美恵子さんから大阪の新田笑子さんへ）

二〇〇三（平成一五）六七歳

●全国家族の会ニュース第三〇号発行●一一月二一日　全国統一行動（午前～厚労省、地方公務員災害補償基金本部要請、一二：〇〇～厚労省周辺ビラ撒き、午後～定期総会、交流会・夜「過労死を考えるつどい」）●地方公務員災害補償基金本部交渉再開（一二年ぶり）

●全国家族の会の公務災害担当として、基金本部要請の世話役になる

●一一月　日本労働弁護団と共催で「なくせ長時間労働！残業・過労死一一〇番」を全国九か所で実施

●過労死によるうつ病、後遺症も労災との通達

二〇〇四（平成一六）六八歳

●一一月二二日　全国統一行動（午前：厚労省、地方公務員災害補償基金本部要請、午後：定期総会、交流会、夜：過労死を考えるつどい）

二〇〇五（平成一七）六九歳

●三月一八日　「労働安全衛生法等の改悪に反対する三・一八国会行動」●七月七日　尾辻厚生労働大臣秘書松尾氏と面会「労安法の改正に反対する要請書」を提出●七月一一日　厚生労働委員城島雅光議員に要請書提出●八月八日　「労安法の一部改正法案」廃案になる●一一月二二日　全国統一行動（午前：厚労省・地方公務員災害補償基金本部要請、午後：定期総会、

家族の会　**中野**　**弁護士（団）**　**厚生労働（労働）省、他**

交流会、夜：過労死を考えるつどい）●代表世話人交替（大阪の新田笑子さん→名古屋の鈴木美穂さんへ、世話人会：水野幹男法律事務所）

二〇〇六（平成一八）七〇歳

家族の会

●七月一五・一六日　全国家族の会親子交流会開催：ユニバーサルスタジオとその周辺●一〇月二四日「労働時間規制の新たな適用除外制度（日本版エグゼンプション）」の導入反対の要請書を柳澤伯夫厚生労働大臣・労働政策審議会労働条件分科会西村健一郎会長に提出（代表世話人以下四八名分）。全国労働安全衛生センター連絡会議の行動に参加●一〇月二四日日本労働組合総連合高木剛会長に要望書提出、市民に訴え、ビラ撒き●一一月二二日　全国統一行動（午前：厚労省、地方公務員災害補償基金本部要請、午後：定期総会、夜：第一九回勤労感謝の日を前に過労死を考えるつどい）、全労連会館●二三日　家族の会交流会（自由参加）、ホテル機山館・厚生労働大臣に要請書提出「ホワイトカラー・エグゼンプションの法制化反対」●東京丸の内他各地で、ビラ撒き・アピール行動、マスコミや政党党首に声明文を送付

中野

●一二月五日　日比谷野外音楽堂で「ホワイトカラー・エグゼンプション導入反対」の訴え●朝日新聞「私の視点」より原稿依頼あり。執筆中「ホワイトカラー・エグゼンプション導入」法案見送りになる

弁護士（団）

●九月　過労死弁護団総会にて「自律的労働時間制度創設反対決議」

二〇〇七（平成一九）七一歳

家族の会

●ザ・アール代表取締役社長奥谷禮子氏の発言「何でも〝お上頼り〟が間違い、過労死は自己管理の問題です」『週刊東洋経済』（二〇〇七年一月一三日号掲載）に、猛反発●奥谷氏に対して抗議文送付や新聞に投稿●一一月二二日　全国統一行動（午前：厚労省・地方公務員災害補償基金本部交渉、一二：〇〇～厚労省前・日比谷公園付近で宣伝行動（訴え・チラシ配布）、午後：

弁護士（団）

●一一月　医師の勤務条件改善をめざすシンポジウム「なくそう！医師の過労死」開催

定期総会、夜:「第二〇回勤労感謝の日を前に過労死を考えるつどい」)、全労連会館●一一月二三日　午前:家族の会交流会(自由参加):ホテル機山館

二〇〇八（平成二〇）七二歳

●二月一六日　全国世話人会、代表世話人交替(名古屋の鈴木美穂さんから京都の寺西笑子さんへ)●三月二八・二九日　親子交流会:東京ディズニーランド(一〇組の親子、計二六人参加)●一一月二一日　全国統一行動(午前:厚労省・地公災基金本部要請、一二:〇〇~厚労省前・日比谷公園付近で宣伝行動ビラ撒き、午後:定期総会、夜:第二一回勤労感謝の日を前に過労死を考えるつどい、記念講演―東海林智氏(毎日新聞社会部記者))

●六月「過労死一一〇番」二〇周年記念シンポジウム
●九月　過労死弁護団及び労働弁護団「過労死等防止基本法」の制定決議

二〇〇九（平成二一）七三歳

●「過労死を出した企業名公表裁判」提訴●一一月一八日　全国統一行動(午前:厚労省・地公災基金本部要請、一二:〇〇~厚労省前と周辺ビラ撒き宣伝行動、午後:定期総会、夜:第二二回勤労感謝の日を前に過労死を考えるつどい)●一九日　午前:自主交流会、機山館、第一回事務局会議、全国ニュース編集に関して、午後:民主党衆議院議員訪問、土肥隆一氏・長尾敬氏―要請書提出の指示を受ける

●四月六日　労災認定判断指針改定　各労働局に通達(精神疾患・自殺等)　新たに評価項目とストレスの強度が加わる

二〇一〇（平成二二）七四歳

●一月八日　民主党、長尾衆議院議員事務所訪問・過労死問題の現状報告●一月二六日　過労死を出した企業名公表裁判(大阪地裁、第一回目、冒頭意見陳述:原告　寺西笑子さん)●二月二三日　NHK番組「カンテツな女」抗議の申し入れ、三月二日　再申し入れ●四月一五日　全国ニュース第五〇号発●一〇月一三日　第一回院内集会「ストップ!過労死~過労死防止基本法の制定を求めて~」の正面横断幕の題字を毛筆で書く。司会、掲示物の表示担当

●九月　過労死弁護団総会で「過重労働対策基本法」制定に向け取り組み強化を目指す

家族の会

行:主な記事　会員アンケート結果に見る「過労死を考える家族の会」の現状と課題(筑波大学大学院生　池谷美衣子さんの調査による)●六月九日　午前:長尾敬国会事務所訪問(家族の会四名)、午後:夜の「つどい」実行委員事前会議(玉木弁護士他六名)●七月一六日　院内集会第一回打合せ、長尾敬国会事務所(玉木・松丸両弁護士・寺西・中野)●九月九・一〇日　「院内集会」参加呼びかけのオルグ(国会議員・厚労委員・都内各団体)、「つどい」実行委員会打合せ●一〇月六日　院内集会に向けて国会議員二五名にオルグ●一〇月一三日　第一回院内集会開催:衆議院第二議員会館「ストップ!過労死」〜「過労死等防止基本法」の制定を求めて〜国会議員(秘書含む)三三名(民主党二九・共産党三・公明党一)、各団体(三四団体)四七名、弁護士(事務員一含む)一〇名、報道関係(一二社)一九名、家族の会関係六八名(総参加人数一七七名)●一一月一九日　全国統一行動(午前:厚労省・地公災基金本部要請、昼:厚労省前にて訴え・ビラ撒き、午後:定期総会、中央大学駿河台記念館、夜:第二三回勤労感謝の日を前に過労死を考えるつどい　記念講演「過労死・過労自殺をなくす特別立法の制定を」岩城譲弁護士)

二〇一一(平成二三)七五歳

家族の会

●一月二二日　「過労死防止法制定」準備会立ち上げ(五ルート:弁護士・労働組合・市民団体・文化人・国会議員に働きかけよう)京都職対連事務所。資料として院内集会報告集・過労死等防止基本法案(弁護団作成)を持参して訪問●三月二三日　要望書提出—「東北・関東大震災に係る省庁の聞き取りについて」幹事長　地震対策本部　姫井由美子参議院議員宛て●七月二七日　厚労省要請「労災保険に係る訴訟に関する対応の

中野

弁護士(団)

●二月　精神障害労災認定基準に関する意見書を提出

厚生労働(労働)省、他

●自殺・精神疾患等の労災認定基準改定

強化について」●八月八日・九月二日・九月三〇日　「過労死防止法」オルグ（国会議員・各団体）●一〇月二七日　「過労死防止基本法制定」実行委員会結成総会記者会見：厚労省記者クラブ●一一月一〇日　過労死を出した企業名公表裁判判決、全面勝訴（一〇回目）●一一月一八日　全国統一行動（午前：要請行動（厚労省・地公災基金）、昼：宣伝行動（厚労省前周辺）、午後：過労死防止法制定実行委員会結成総会（第二回院内集会）〜一〇〇万人署名スタート集会（二五〇余名参加）、衆議院第一議員会館●一一月一九日　定期総会：東京セントラルユースホステル●一二月二一日　「過労死防止基本法制定」第一回実行委員会：衆議院第二議員会館

二〇一二（平成二四）　七六歳

●一月二一日　全国一斉街頭署名活動開始：東京・名古屋・京都・大阪・兵庫・岡山　東京一一：〇〇〜御茶ノ水駅前●二月四日　「過労死防止基本法制定」第二回〜六回実行委員会●三月六日　過労死を出した企業名公表裁判（大阪高裁、裁判控訴審一回目）●三月七日　・一〇〇万人署名街頭宣伝行動：有楽町マリオン前・第三回院内集会（署名数約七〇、〇〇〇筆）●六月六日　第四回院内集会：衆議院第一議員会館大会議室（署名数二〇五、〇〇〇筆）、小宮山厚労大臣と面談（要請書提出、厚生労働大臣室）●八月二五・二六日　日本母親大会で、署名の訴え：新潟市朱鷺メッセ●八月二八日　「過労死防止基本法」制定に向けて議員と意見交換会：衆議院第二議員会館
●九月七日　ロビー活動（国民の生活が第一党首小沢一郎議員と面談）●一一月二〇日　第五回院内集会「過労死防止基本法」の制定を実現するつどい（議員五名、秘書六名、弁護士二二名、計二〇二名）、記念講演：暉峻淑子氏、落語「エンマの怒り」桂福車師匠（署名数三六六、五〇二筆（一一月二一日現在）全国家

●九月　過労死弁護団総会にて「過労死防止基本法（案）」と同法制定の早期実現を求める議決採択

家族の会

族の会ニュース)・全国統一行動(午前:厚労省・地公災基金本部要請、昼:厚労省前周辺宣伝行動)●一一月二一日　定期総会:東京セントラルユースホステル●一一月二九日　過労死を出した企業名公表裁判(控訴審不当判決)→最高裁へ●一二月二二日　「過労死防止基本法制定」第七回実行委員会:中央大学駿河台記念館●一二月二四日　遺児交流会:京都~大阪ユニバーサルスタジオジャパン

二〇一三(平成二五)七七歳

●三月六日　「防止法制定」ロビー活動、秋葉厚生労働副大臣と面談●三月二九日　みんなの党「防止法学習会:議員会館●四月五日　「一〇〇万人署名」団体オルグ:東京都内●四月一六日　実行委員会として、「過労死防止基本法(案)を発表●四月二五日~五月三日　国連社会権規約審査傍聴　人権ツアーに参加(パリ・ジュネーブ)家族の会有志、「過労死は国際人権規約違反」であることを、社会権規約委員会に訴える●五月一七日　国連社会権規約委員会から、異例の「勧告」が出される●五月二八日　厚労省にて記者会見・「防止法案」新パンフレット配付●六月四日~五日　ロビー活動集中取り組み●七月一日　国連社会権規約人権ツアー「報告集」発行●八月五~六日　団体オルグ・ロビー活動(参議院改選)●八月二四日　日本母親大会で、一〇〇万人署名を訴える:千葉幕張メッセ●九月二七日　「過労死防止法制定」全国実行委員会:ANAクラウンプラザホテル(大阪)●一〇月一五日~「臨時国会」開会、集中ロビー活動●一一月一九・二〇日　全国統一行動、「第八回・ストップ!過労死」院内集会:衆議院第一議員会館、全国家族の会定期総会:東京セントラルユースホステル●一二月五日

中野

弁護士(団)

厚生労働(労働)省、他

●六月一八日　「過労死等防止基本法の成立を目指す超党派議員連盟」第一回世話人会●一〇月一七日　「民主党」労働部会・議員連盟　第一~五回世話人会「今国会での早期制定に向けて緊急集会」衆議院第一議員会館●一〇月三〇日　「生活の党」部会●一一月一九日　「公明党」厚労部会●一一月二九日　自民党雇用問題調査会・過労死防止に関するワーキングチーム第一~八回まで●一二月三日　議員連盟総会●一二月四日　「野党共同法案」衆議院事務総長に提出・記者

紹介議員を経て署名提出●一二月六日　「過労死防止全国センター」総会

二〇一四（平成二六）七八歳

●一月二二日　通常国会に向けて、ロビー活動開始●一月二八日　「防止法」制定実行委員会：衆議院第一議員会館●五月一五日　公明党党首と面談：議員会館・緊急院内集会記者会見：厚労記者クラブ●五月二二日　第一〇回緊急院内集会：衆議院第一議員会館多目的ホール●五月二三日　衆議院厚生労働委員会（意見陳述）・通過●五月二七日　衆議院本会議通過（傍聴）●六月一二日　「労働安全衛生法一部改正について」意見陳述：衆議院厚労委員会●六月一九日　参議院厚労委員会通過（意見陳述）●六月二七日　公布（署名約五七万余筆、自治体意見書一二一自治体）●七月九日　議員連盟の議員へ法案成立のお礼回り●八月二～三日　日本母親大会にて訴え：神奈川パシフィコ横浜●八月二三日「過労死防止基本法制定実行委員会」の発展的解散式：主婦会館プラザエフ（参加六〇余名）●一〇月二九日　「過労死防止全国センター」結成総会：（東京）主婦会館プラザ●一一月一四日　全国統一行動　午前～厚労省・公務災害基金本部要請●一一月一五日　定期総会：東京セントラルユースホステル●一二月二〇日　過労死防止全国センター第一回拡大幹事会：中央大学駿河台記念館

●二月一三日　陳情書提出（藤沢市議会）「過労死防止基本法の制定を求める意見書」の提出を求める陳情●二月一二日　陳情書提出（神奈川県・横浜市・横須賀市・川崎市各議会）●二月二六日　相模原市陳情書提出（六月二〇日、撤回申し出）●二月二八日　横須賀市採択●三月一八日　藤沢市採択●三月二五日　神奈川県・横浜市採択●五月一六日　川崎市主旨採択●九月　残業規制を撤廃し過労死を促進する法案に反対する決議採択●一〇月過労死防止全国センター設立●一一月一日　東京新聞に掲載「命守る労働環境を」●一二月一七日　「過労死等防止対策推進協議会」委員に任命される。任期二年

●九月　残業規制を撤廃し過労死を促進する法案に反対する決議採択●一〇月過労死防止全国センター設立

会見：国会議事堂内

●**六月二〇日　参議院本会議傍聴「過労死等防止対策推進法」全会一致で可決成立**●七月二四日　「過労死等防止対策推進会議」●**一一月一日「過労死等防止対策推進法」施行、一一月を「過労死等防止啓発月間」とする**●一一月一四日　「過労死等防止対策推進シンポジウム」開催：厚労省講堂（参加約四〇〇名）●一二月一七日　第一回「過労死等防止対策推進協議会」（委員の自己紹介・「過労死をなくす」総論）

二〇一五（平成二七）七九歳

●二月五日　声明文提出「労働時間規制の根幹を覆す〝プロフェッショナル労働制〟に反対します」（過労死防止センター代表幹事三名による）●二月一三日　（衆・厚労）筆頭理事議員と面談：議会内控室●三月二六日　声明文提出「過労死・過労自殺を増やす〝企画業務型裁量労働制の拡大〟に反対します」

●二月二〇日、四月六日、四月二八日　第二、三、四回過労死等防止対策推進協議会（公務員関係のヒアリングと資料提出、「大綱の

家族の会

(過労死防止センター代表幹事三名による)●五月二三日「過労死等防止学会設立総会」:(東京)明治大学。以降毎年実施●七月二四日「過労死等防止対策大綱」を閣議決定●八月一日　第六一回日本母親大会にて訴え:神戸国際展示場●一一月一九・二〇日　全国統一要請行動(午後:過労死等防止対策推進シンポジウム:イイノホール、定期総会:東京セントラルユースホステル会議室)●一二月一八日「ブラック社労士」団体要請(厚労省へ)の記者会見

中野

弁護士(団)

厚生労働(労働)省、他

骨子、素案」について)●四月三日「労働基準法等の一部を改正する法律案」閣議決定、国会へ提出●四月二八日「過労死等防止基本法」制定を目指す超党派議員連盟→改称「過労死等防止について考える議員連盟(規約改正・新世話人)●五月二五日　第五回「過労死等防止対策推進協議会」大綱(案)についてパブリックコメント募集(一か月間)●七月一五日　法律第五六号(最終改正)「公立義務教育諸学校の学級編成及び教職員定数の標準に関する法律」(昭和三三年五月一日法律一一六号)●一一月一〜三〇日　過労死防止啓発月間——全国で過労死等防止対策推進シンポジウム開催

二〇一六（平成二八）八〇歳

家族の会

●一月七日（議連代表）馳浩文科大臣と面談:文部科学省大臣室●一月八日　東京弁護士会人権賞受賞式:東京弁護士会館●二月二日　日本労働組合総連合と面談:連合会館●九月

中野

●公務災害担当を、工藤祥子さんに交替(九月の全国世話人会より)事務局引退　●五月二一日「過労死防止学会」において

厚生労働(労働)省、他

●二月一八日「過労死等防止について考える議員連盟」総会:参議院議員会館●

一二日　全国過労死を考える家族の会ホームページ開設●一一月一〜三〇日　過労死等防止啓発月間制定●一一月九〜一〇日　全国統一要請行動、過労死等防止対策推進シンポジウム、定期総会●一一月二五〜二七日　過労死遺児交流会（かいじゅうの会）：山梨県北杜市清里、初の厚労省主催による。以後、厚労省主催で毎年実施

「教員の過重労働と公務災害」という題で報告●一一月二一日「過労死防止啓発授業」のためのビデオ撮影。寺西・西垣・中原・中野の四名

一〇月　第一回『過労死等防止対策白書』発行（厚労省）

二〇一七（平成二九）八一歳

●二月一〇日　長時間労働の規制を求める院内集会（労働弁護団・過労死弁護団と共催）：衆議院議員会館●二月二七日〜三月一五日予算委員会傍聴・議員面談・衆議院厚労委員会参考人質疑・官邸前宣伝行動●四月一一日　過労死等防止を考える超党派議員連盟勉強会：参議院議員会館●五月二四日　労働法制改悪反対集会：日比谷野音●五月二五日「神奈川過労死等を考える家族の会」結成総会（全国で一四番目、代表世話人：工藤祥子さん）開港記念会館●七月二六日　残業代ゼロ制度の反対表明―連合へ要請と記者会見●八月二九日「学校における働き方改革に係る緊急提言」中教審傍聴と記者会見●九月一四日「働き方改革」一括法案を斬る院内集会参加●一〇月三日「学校における働き方改革に係る緊急提言」について、文科省に要望書提出●一一月八〜九日　全国統一要請行動、過労死等防止対策推進シンポジウム、定期総会●一二月二六日「学校における働き方改革に関する緊急対策」発表（文部科学大臣決定）

●五月二一日「過労死防止学会」において、共通論題『第一回過労死白書』と調査研究から見えてくるもの」という題で報告●五月二五日「神奈川過労死等を考える家族の会」を立ち上げる。（会計係を担当）●七月三日　啓発授業：東海大学●一〇月二三日　啓発授業：神奈川県立高浜高校

二〇一八（平成三〇）八二歳

●二月二〇〜二三日　衆議院予算委員会傍聴、公聴会野党合同ヒアリング、厚労大臣と面談、野党合同院内集会、記者クラブ会見●三月一六日「働き方改革反対」院内集会●五月

●一月三一日　啓発授業：横浜女学院高校●七月一一日　啓発授業：関東学院大学●一一月五日　啓発授業：神奈川県立

●五月二三日「脳・心臓疾患、精神障害・自殺の労災認定基準の改定を求める意

●二月七日「過労死等防止について考える議員連盟」総会●六月「働き方改

家族の会	中野	弁護士(団)	厚生労働(労働)省、他
二二日　衆議院厚労委員会参考人意見陳述、午後首相官邸前座り込み●五月二三日　衆議院厚労委員会、総理答弁、傍聴・官邸前座り込み●六月一二日　参議院厚労委員会参考人意見陳述●七月二四日　社会権規約委員会意見交換：外務省●一一月六〜七日　全国統一要請行動・過労死等防止対策推進シンポジウム・定期総会	高浜高校●一二月一日　啓発授業：関東学院大学	見書」提出（厚労大臣宛）（後日、同意見書「過労死等防止対策推進協議会」にも提出）（後日、「過労死等防止を考える議員連盟」において説明会開催）●六月一三日　〝過労死一一〇番〟三〇周年記念シンポジウム：品川プリンスホテル	革関連法」成立
二〇一九（平成三一・令和元）八三歳			
●二月二三日　森岡先生を追悼するつどい：大阪市内シティプラザ大阪●三月四日　「過労死等防止について考える議員連盟勉強会」過労死弁護団と合同●七月二二日　「三六協定届（特別条項）記載例」修正の申し入れ書、根本厚労大臣に送付●一〇月八日　学校の長時間労働と給特法のこれからを考える集い：参議院会館●一〇月一六日　「過労死等防止対策推進協議会」第一五回（厚労省会議室）●一一月六日　全国統一要請行動（午後：過労死等防止対策推進シンポジウム）●一一月七日　全国家族の会総会：全労連会館	●一〇月七日　啓発授業：神奈川県立高浜高校●一一月七日　衆議院本会議傍聴「公立の義務教育諸学校等の教育職員の給与等に関する特別措置法の一部を改正する法律案」の趣旨説明と質疑●一一月一二日　同上の事案について、参考人質疑　工藤祥子さんの随行として出席		●四月一日　「働き方改革関連法」施行●六月一三日　「過労死等防止を考える議員連盟」総会　第二衆議院議員会館●八月二二日　厚労省より回答「三六協定届（特別条項）記載例」修正申し入れについて●一〇月九日　令和元年版「過労死等防止対策白書」発行（平成三〇年度年次報告）厚労省●一〇月三〇日　「過労死等防止を考える議員連盟」総会：参議院議員会館

おわりに

一九八九年一月、夫が亡くなった翌年の七日から元号が平成に変わり、二〇一九年五月から令和に変わりました。夫の没後、過労死問題に関わって三一年になりますから、まさに平成の時代を過労死活動で駆け抜けてきたという感がします。想いひとしおです。こうして振り返ってみると、泣いたり笑ったり怒ったり悔しがったりの三〇年間、短かったようで結構仕事をしてきたなと、充実感のようなものを覚えています。このように頑張れたのも、家族の会をはじめ、関係の皆さんの温かい励ましと支えとがあったからにほかなりません。心から感謝申し上げます。

本書のまとめに当たって、最も困難だったのが年表でした。全国家族の会のニュースを頼りにしたのですが、ところどころ散逸していたり、六号までは、手書きと新聞の切り貼りだったり、二〇〇九年一〇月一五日発行の四八号までは、各地輪番で編集しており、様式も決まっていなかったため、活動が月を追って記録されていないので、内容を読み返しながら活動を読み取らなければならずチョット苦労しました。四九号からは世話人会の中に事務局がおかれ担当が固定したので、活動報告が細かに記録されており、それから仕事が大分進みました。二〇一九年九月二五日発行で七八号になりました。ぎっしり一二ページ仕立てです。

三〇年間を振り返って、家族の会の人たちほんとうに良くやったなあ、という思いが強く込み上げてきました。①一九八八年～一九九二年　中野認定闘争、②一九九三年～二〇〇七年　労安法改正反対・ホワイトカラー・エグゼンプション導入反対活動等、③二〇〇八年～二〇一四年　過労死防止法制定活動、④二〇一五年～過労死防止シンポジウム・過労死防止啓発授業の実施、過労死防止学会・過労死防止センターの活動と、大きく四期に分けてみましたがどの時期も皆さんが一体となって全力投球をしてきたように思います。

しかし、歴史の歯車は遅々として進まず、三〇年前の私の事案が旧態依然として繰り返されているように思えて仕方がありません。むしろ、逆行している場面もあるのではないでしょうか？　時には虚しささえ覚えますが、私たちは声を挙げ続けます。少しの改善された部分に喜びを見出しながら……次世代の若者たちに働きやすい社会をバトンタッチできるように……。

岡村親宜先生には、公務災害申請から関わっていただき、そして本書に推薦のお言葉までちょうだいし、本当に有難く胸が詰まります。また、家族の会を、終始温かく支え励まし直接ご指導いただいた川人博先生、玉木一成先生、岩城穣先生、松丸正先生、故森岡孝二先生にも心から感謝申し上げます。最後に森岡先生のご冥福を謹んでお祈り申し上げます。

本書の出版に当たり、旬報社の木内洋育社長にはコロナ禍の折にもかかわらず、私の意を充分汲んで編集してくださり、何から何まで大変お世話になりました。私のささやかな、中でも胸に溢れる想いが、このような形で皆様に読んでいただけるようになったことは、中野淑子の歴史の貴重な一ページを飾ることになり、何物にも代えがたい喜びです。誠にありがとうございました。併せて、すてきな装丁をしてくださった佐藤篤司様にも感謝申し上げます。

そして本書にお名前や原稿の掲載を快諾していただいた方々、またプロの腕前の倉田亜希様はじめ写真の提供をしていただいた方々、その他多くの皆様にご協力を賜り、誠にありがとうございました。

「過労死家族の会」が一日も早く無くなることを祈り、発展的解散式を夢見ながら、しばらくは本書を今後の活動のお役に立たせていただければ身に余る幸せでございます。

最後に心を込めて、いのちを愛おしみ、いのちの重みを抱きしめ、地球上の生きとし生けるものが豊かに「生」を全うできますように！　祈ります。

〔**著者紹介**〕中野淑子（なかの よしこ）

一九三六年千葉県生まれ。千葉大学教育学部第二部修了後、中学校教諭として就職。五一歳の時、夫を過労死で失う。以後勤務しながら夫の公務災害認定闘争と「過労死を考える家族の会」世話人として活動を進める。「全国過労死を考える家族の会」事務局での活動は主として公務災害関係を担当。「地方公務員災害補償基金」本部に、毎年公務災害遺族と要請行動を実施。一九九五年教員退職、「千葉退職教職員の会」事務局長、「全日本退職教職員の会」事務局次長を務める。二〇一四年一二月厚生労働省「過労死等防止対策推進協議会」委員（二年間）。二〇一七年「神奈川過労死等を考える家族の会」結成、世話人。かたわら、教員の働き方問題に携わり現在に至る。

あなたの大切なひとを守るために——残された妻の過労死防止法実現への記録

二〇二一年一月三〇日　初版第一刷発行

著者……………中野淑子
装丁……………佐藤篤司
発行者…………木内洋育
発行所…………株式会社 旬報社
〒一六二-〇〇四一 東京都新宿区早稲田鶴巻町五四四
TEL 03-5579-8973　FAX 03-5579-8975
ホームページ http://www.junposha.com/

印刷・製本……精文堂印刷 株式会社

 ISBN978-4-8451-1675-1